ORGANIC EDUCATION

ORGANIC
EDUCATION

有机教育

让孩子幸福的教育

杨 雄——著

图书在版编目(CIP)数据

有机教育：让孩子幸福的教育/杨雄著.—北京：北京大学出版社，2019.6
ISBN 978-7-301-30494-5

Ⅰ.①有… Ⅱ.①杨… Ⅲ.①儿童教育—家庭教育 Ⅳ.①G782

中国版本图书馆 CIP 数据核字(2019)第 080899 号

书　　　名	有机教育——让孩子幸福的教育 YOUJI JIAOYU——RANG HAIZI XINGFU DE JIAOYU
著作责任者	杨　雄　著
责 任 编 辑	朱梅全
标 准 书 号	ISBN 978-7-301-30494-5
出 版 发 行	北京大学出版社
地　　　址	北京市海淀区成府路 205 号　100871
网　　　址	http://www.pup.cn　新浪微博：@北京大学出版社
电 子 信 箱	sdyy_2005@126.com
电　　　话	邮购部 010-62752015　发行部 010-62750672 编辑部 021-62071998
印 　刷 　者	三河市博文印刷有限公司
经 销 者	新华书店
	880 毫米×1230 毫米　A5　8 印张　160 千字 2019 年 6 月第 1 版　2019 年 6 月第 1 次印刷
定　　　价	38.00 元

未经许可，不得以任何方式复制或抄袭本书之部分或全部内容。
版权所有，侵权必究
举报电话：010-62752024　电子信箱：fd@pup.pku.edu.cn
图书如有印装质量问题，请与出版部联系，电话：010-62756370

前　言

今天,我想提出一个概念——有机教育。

什么是有机教育?现在大家都喜欢吃有机食品,因为它们是天然的、无污染的、符合四季成长规律的。其实,我们教育孩子的过程也应该是"有机"的过程,而不该是拔苗助长、"反季节""催熟"的过程。时下流行的一些教育观念,比如"别让孩子输在起跑线上",实际上都是在"催熟"孩子,是有违教育规律的。在以有机的方式教育孩子的过程中,我们必须处理好家庭教育、社会教育和学校教育之间的关系。

伴随着经济增长与教育现代化进程,教育的"顺序模式"即家庭教育、社会教育和学校教育正由在青少年个体成长中发挥各自作用转变为一种新的"重叠模式",即在青少年成长的每一个阶段,家庭、家长、学校、老师、社会,越来越呈现为相互重叠、联系,共同影响着孩子的成长和发展。如何将上述不同的教育因子有机结合在一起,形成一种整合优势,必将成为未来"家校合作""亲师共育"的一个重要课题。

1. 家庭:一切教育的基础,培养孩子学会"规矩"

教育是衡量一个国家文明传承和经济社会发展水平的重

要指标。习近平主席在2015年新春团拜会的讲话中指出："家庭是社会的基本细胞,是人生的第一所学校。不论时代发生多大变化,不论生活格局发生多大变化,我们都要重视家庭建设,注重家庭、注重家教、注重家风。"从社会结构而言,家庭作为社会的最基本单元,营造良好的家风、弘扬家庭美德是构建和谐社会最为重要的基础,更是社会文明程度的重要标志。

从人的发展序列而言,家庭是个体生命成长的最初始的场所。家庭教育与学校教育最大的区别在于:第一,家庭教育是个别化的教育,针对孩子个别的关注、指导和教育,必须由家长来完成;而学校教育则是面向大多数学生的教育,提供的只是一个公共的、普遍的教育,需按照统一的进度、统一的课程进行,很难真正关注每一个孩子的差异。第二,家庭教育是终身性、示范性的教育。从生活时空来看,多数时间孩子是在家与父母一块儿度过。学校对于孩子只是人生的一小段,因此家庭环境对一个孩子成长的影响比学校要大得多、长得多。第三,从教育内容上看,与学校教育主要是传授知识不同,家庭教育的任务主要是生活教育、人格教育和行为养成教育。第四,从法律责权利上看,孩子与家长具有天然血缘关系,这是学校、老师无法替代的,因此,在每一个家庭里监护人都负有教育孩子的责任。

现在的70后、80后,大多接受过高等教育,不少人甚至有海外留学经历,他们与孩子相处时会更加民主、更加平等,但也遭遇到许多新挑战:时代变化太快,70后、80后家长的成长环境明显异于00后、10后孩子的成长环境,许多生活概念完全不同,许多知识、经验已跟不上孩子的需求。

　　除此以外,孩子的学业与升学竞争压力仍然较大。高考、中考"指挥棒",经层层放大,最终将压力传递到了每一个家庭,导致学生的学业负担无法完全减轻。一方面,社会天天在喊"减负";另一方面,家长们又被迫给孩子"施压"。此外,中国代际关系是"反哺模式",父母对子女几乎是无限责任。因此,时下不少家庭对家庭教育的诠释主要还是抓孩子的学习。一项全国性调查显示,52.5%的家庭仍然着重"为孩子安排课余学习内容",34.6%的家庭在"陪着孩子做功课",而对孩子身心健康、做人教育这些家庭最基本职责的履行却被忽略了,这在很大程度上反映了当前不少家庭在育儿职责上的"越位"或"错位"现象。

　　尽管家庭教育与学校教育有交叉重叠部分,但是,家庭教育无法完全被学校教育所替代。家庭教育作为一切教育的基础、教育的重要组成部分,在孩子成长、发展过程中承担着独特的、终身的教化功能。在我看来,学校教育训练学生遵循"规定",社会教育是训练公民遵守"规则",而家庭教育则是培养孩子学会"规矩"。

2. 学校:帮孩子"扣好人生的第一粒扣子",迈好人生第一步

　　2016年,习近平主席在会见第一届全国文明家庭代表时强调:"广大家庭都要重言传、重身教,教知识、育品德,身体力

行、耳濡目染,帮助孩子扣好人生的第一粒扣子,迈好人生的第一个台阶。"此外,习主席还在其他重要场合多次强调要引导和帮助青少年"扣好人生的第一粒扣子",用十分通俗、形象、准确的语言强调了对青少年进行正确人生观教育的重要性。古人曰"入门须正,立志须高",意思就是要走好人生一开始最关键的几步。如何才能帮助学生"扣好人生的第一粒扣子",习主席为学校指导家庭教育提出了一个重大命题。

"扣好人生的第一粒扣子"包含了以下内涵:一是学校要帮助学生从小树立正确的人生观、价值观。观念是行动的指南,正确的观念才能引导出正确的行动,正确的行动才能产生好的结果,人才能拥有圆满、幸福的人生。二是学校要通过"家校共育"帮助学生树立远大的理想。观念重在当下,理想关注未来,要引导学生胸怀大志,放眼世界,脚踏实地,成就未来。三是学校要积极组织实施丰富多样的家校合作和校园文化活动,鼓励并支持学生参与社区公益活动,让学生在集体生活中培养能力,在社会实践中增加才干。

如何走好未来生活道路的每一步,是由人生的目标与信仰决定的。12—18岁是人树立理想的关键时期。让青少年学会自主选择、自我决定,学校需要创造环境,教育、引导青少年,尊重他们的选择,帮助他们去实现目标。人生目标的选择为什么重要?哈佛大学对一群智力、学历相似的人进行的25年跟踪调查后发现:3%有清晰长期目标的人,大都成了成功人士;10%有清晰短期目标的人,大都成了专业人士;60%目标模糊者,能安稳工作、生活,无特别成绩;27%无目标的人,经常失业,生活动荡。尽管我们的孩子中绝大多数终将成为普通人,但"扣好人生的第一粒扣子",帮孩子迈好人生的第一步,理应成为当前学校指导家庭教育之首要任务。

3. 家长:不只教认字、读书,更在于培养完整的人

教育始于家庭。家长的教育理念、教育方法、教养方式深深影响着孩子。在一个人的教育中,父母的家庭教育是成功的关键,对一个人起着举足轻重的作用。

首先,父母对孩子的教育进行得最早、时间最长。父母的教育是在孩子模仿性最强的幼小年龄进行的,不但占其"先入为主"的便利,而且父母的形象示范、言传身教给孩子以终身影响。如果父母的语言、行为、习惯不良,那就较难保证孩子在这些方面能做到优良。因此,做父母的首先自己要学习,学习家庭教育的科学理念与新知,不断提高自身素养与育儿能力。做父母的应明白,教育并不只是认字、读书、数数等,教育也包括孩子的举止行为、感知认知等方面。父母在平时生活中应成为孩子潜移默化的行为示范。比如父母相亲相爱、关系融洽,脾气各方面都很好,那孩子在以后的人生道路上也会平易近人。

其次,让孩子在规则与自由中健康"成人"。"自由过度"会导致孩子任性放肆,如不服管教、攻击性强都与父母过度顺应孩子的自由需要有关。自由过度实际上就是放任纵容,对

培养孩子的社会性和责任心是不利的，使孩子"长"不出个性却"长"出任性。而"规则过度"又容易使孩子缺乏个性。有的父母认为听话的孩子让人省心，会比较少惹出麻烦的事情，这种观念多表现在控制欲望比较强的父母身上。长期生活在这种环境中的孩子，做事和思维的依赖性比较强，害怕尝试新事物，而且调整情绪变化的灵活性比较弱，这将影响孩子的创新意识与个性成长。因此，应倡导让孩子学会遵守规则又拥有自由的平衡教育策略。没有规则的自由是放任，没有自由的规则是遏制，都是家庭教育不得法的表现。

最后，培养孩子自信、悦纳，爱思考、善表达之品性。爱因斯坦曾说过，一个人提出问题的能力比解决问题的能力重要，想象力远比知识重要。在互联网时代，这一道理已经成为生动的现实。网络时代对于青少年而言，更重要的是具备如下能力：知识迁移与学习力、独立思考与表达力、坚毅与执行力、自我悦纳与抗逆力。这些与知识和文凭无关，但在当代快速变化、变动、变革的社会却特别重要。每个人都有优点和不足，关键在于自己如何看待。既要看到自己的优势，还要了解自身的弱点。

作为家长对于孩子的培养，重要的不在于孩子能考多少个100分，而在于把他培养成为一个"完整"的人，让孩子对生活和学习充满热情。一项关于儿童兴趣与幸福感的调查显示，如果有一件事情是孩子最喜欢做的，而大人又创造条件让他做这件事，那么他一定会很有幸福感。人有先天的基因，孩子的学习能力不完全是与生俱来的，但也不完全是由后天的训练形成的,而是由先天基因给出了某些能力和许多能力发展的框架,需要后天的经验来启动和发展。教育最大的成功是培养出自我悦纳、充满自信的人。

4. 老师:帮助家长认识家庭教育,纠偏纠错

众所周知,学校任课老师尤其是班主任老师对本班学生接触了解得多,在学生眼中也最具权威性。因此,由班主任老师指导家长实施、开展家庭教育,无疑是较为合适的。当然,我们一方面要确立学校老师对广大家长开展家庭教育的指导地位,另一方面也要处理好家庭家长指导与学校老师指导的边界。

第一,强调家庭教育由学校来主导,并不等于家庭教育的全部内容都由老师来实施,事实上老师也无法承担这一职责。老师的主要任务是帮助家长提高自身素养与能力,对孩子的家庭教育主要还是由家长来实施。

第二,尽管学校教育与家庭教育有边界,但存在"重叠部分"。孩子每天仍有相当多的时间在学校度过,因此,学校有时空、老师有责任,对孩子开展德育与人格教育。相形之下,社区、社会其他机构无论从时空、专业来看,都无法与学校老师的优势相比。

第三,在我看来,只有掌握了对家长开展家庭教育科学指导方法的老师,才能真正称得上是一名合格的老师。由于家

长的职业不同、层次不同,教育孩子的观念也不同,要让他们与学校老师保持"步调一致",并不容易。为此,老师要懂得与家长沟通的技巧,学会与家长互相配合,和谐施教。同时,老师要放下"教育权威"的架子,经常向家长征求意见,虚心听取他们的批评、建议,才会使家长心悦诚服,积极支持、配合老师的工作,维护老师的威信。

第四,学校老师指导家长的重点是:帮助家长认识什么是家庭教育,它的本质、特点及规律是什么;帮助家长树立正确的家庭教育思想,纠正一些不正确的教育理念;指导家长改变错误的家庭教育态度和方法。与此同时,老师若要科学地指导家长开展家庭教育,必须系统地加强学习,提高自身素养与指导能力。如果老师自己水平不高,甚至连自己的孩子都教育不好,就无法指导家长来开展科学、有效的家庭教育。

总之,家庭、家长、学校、老师、社会,厘清不同教育因子的边界,使它们有机结合在一起,形成一种整合优势,是新时代面临的重要教育课题。

目 录

一、不要"催熟"你的孩子　　001

1. 发现孩子的长项，是父母的重要工作　　004
2. 孩子的培养是一个缓慢的过程　　008
3. 成长是分阶段的　　012
4. 教育是农业而不是工业　　014
5. 有机教育与"工匠精神"　　016
6. 保护儿童的多样性　　018
7. 松紧有度，把握好教育"节奏"　　020
8. 无须"完美"，但求"完整"成长　　022

二、让孩子快乐成长　　025

1. 保护孩子的梦想　　027
2. 让孩子做最好的自己　　031
3. 还孩子幸福的童年　　034

三、我的新家庭教育"三角理论"　　041
1. 亲职教育——今天如何做父母　　046
2. 子职教育——今天如何做孩子　　051
3. 配偶教育——今天如何做夫妻　　058

四、有机教育的"四项基本原则"　　069
1. 顺应儿童自然发展　　071
2. 给予孩子合适的家庭教育　　076
3. 在"后喻时代"倡导"互动教育"新模式　　084
4. 父母与孩子共同成长　　088

五、有机教育：如何科学"施肥"　　097
1. 做"恰当"的父母　　100
2. 适合的教育才是最好的教育　　108
3. 做人要学"喜羊羊"，做事要学"灰太狼"　　110
4. 学做人是家庭教育的重要课程　　112
5. 培养孩子的"成长型思维"　　116

六、儿童发展的五个阶段　　121
1. 儿童心理发展的"双螺线"　　123
2. 不同年龄段儿童的特点　　125
3. 关注"亲子关系"的三个时期　　130
4. 幼儿期家庭教育是"根"的教育　　134
5. 家庭应重视孩子的合作分享教育　　145

七、有机教育：父母应该知道的六对关系   155

   1. "早期开发"与"过度教育"   157

   2. "关爱教育"与"挫折教育"   167

   3. "女生优势"与"男孩危机"   173

   4. "祖辈教养"与"亲职教育"   186

   5. "圈养教育"与"散养教育"   190

   6. "美国虎妈"与"中国茄妈"   194

八、有机教育的七大法则与策略   209

   1. 让孩子体验行为的"自然后果"   211

   2. 让认知引导激励孩子的行为   214

   3. 用热炉法则规范孩子的行为   217

   4. 好习惯需要不断强化   224

   5. 家长要学会正确地爱孩子   230

   6. 递进激励孩子   235

   7. "权威—朋友"策略   237

后　记   241

一

不要"催熟"你的孩子

有机教育 让孩子幸福的教育
● ○ ○ ○ ○ ○ ○ ○

从生物学角度说,婴儿从母亲十月怀胎到出生,再到能够站立、说话、行走,一般需要两年。就这一意义上说,人类都是"早产儿"。因为人类在婴幼儿期比其他动物幼崽需要更多父母的照料与养育。这证明人类在孩子早期教育上,需要花费的时间更长、精力更多。

　　人类和其他动物相比,社会化和成长过程要缓慢得多,需要更多的时间由父母照料。我们从《动物世界》栏目里可以看到,小象一出生,几乎很短时间内就得直立行走,就得睁开眼睛,自己找母象的乳房,然后就得跟象群出发,不然有被猛兽袭击之虞。而若是一个婴儿一出生,自己就会站立、就找妈妈吃奶,人们一定会吓坏了。婴儿初到人间,眼睛什么也看不见。大概要一周甚至几周之后才会慢慢寻找声音,然后再会看到母亲的笑容。所以,母亲得给婴儿喂奶,把他放在心脏边上,聆听母亲心脏的脉动,让他有依偎感、安全感。这些都说明孩子的成长是个缓慢的过程。而正是人与生俱来所具有的未分化性、未特异性,使得人比其他动物具有更好的发展选择性。

　　当前中国家庭教育存在的主要问题是,家长一方面从来不给孩子磨炼意志的机会,另一方面却又要求孩子与别人竞争。家长期待过高,孩子反而会发挥不好。学习压力太大、心理负担过重,孩子就会丧失自信。当今中国似乎已进入"全民早教"时代。尽管现今我国已实行"全面二孩"生育政策,但对于大多数家庭而言,仍是独生子女家庭。按照独生子女教育的"智力汇合"理论,独生子女会得到父母在时间、精力与金钱上的更多倾注。这对于孩子来说,既是好事,也是坏事。因为这样,父母往往把唯一的孩子作为对下一代人(过去通常是几个孩子)的精神寄托,这不仅强化了父母对子女的高期望值和心理依恋,也加重了他们抚养子女的忧虑感,这对孩子的成长也会造成不利的影响。更严重的是,现在不少年轻家长,把孩子培养限定在一个特别狭小的范围之内。对孩子们来说,考高分、成绩好就是标准;孩子五六岁会弹钢琴,就会得到奖赏。这导致很多孩子被迫提早结束无忧无虑的童年,这其实是一个很大的观念误区。

1. 发现孩子的长项,是父母的重要工作

2010年11月3日《重庆时报》报道,一名9岁女孩因为不愿意上特长班,向父母写下保证书:"我自愿不学钢琴、电子琴、二胡、舞蹈等,还包括绘画、武术,我长大后不怨妈妈、爸爸。"这是她3年换了6种特长班之后,还是没兴趣的无奈之举。

童言无忌,孩子能写出这样的保证书,让人感受到孩子对真正幸福童年的渴求,但令人难以接受的,却是相关专家的评

价：父母若默认这种行为，就是对孩子未来不负责的表现。不知道所谓的"不负责"是基于怎样的逻辑？难道说让所谓的"特长学习"占据孩子的整个童年就是负责任吗？

当我们固执于给孩子怎样的未来的思考时，一些专家似乎忘却了孩子们有权利珍视他们宝贵的童年。童年的宝贵，不仅仅在于人一生中只能经历一段这样的时光，更在于"童年"这个字眼几乎成为我们社会的"稀缺资源"。

孩子理所应当享受他们的童年，寻找那专属于他们的无忧无虑，以及和玩伴在一起时的欢声笑语。但是，这种需求却没有在社会上达成共识。我们想当然地认为，与未来相比，童年是无足轻重的。

世界著名媒体文化研究者尼尔·波兹曼（Neil Postman）在《童年的消逝》一书中指出，在文化的传播中，童年作为一个"社会结构"已经难以为继，并且实际上已经没有意义。在国内，童年同样面临"消逝"的命运。然而，这种消逝不仅来自文化传播，还来自我们家长思维甚至社会思维中根深蒂固的功利思想。

"不能让孩子输在起跑线上"，时下成为许多父母的信念。在这种教育思想的影响下，中国大部分孩子从一出生起，便失去了享受童年的机会，开始为"出人头地"做着他们的人生预热。他们的童年被兑换成"特长学习"，他们背负着"未来"的包袱，似乎毫无选择的余地。正是这种"不能让孩子输在起跑线上""为了孩子好""对孩子负责"等种种"爱的束缚"，加上应试教育的体制所限，让孩子没有了童年，甚至导致各类精神疾病年轻化。

"不能让孩子输在起跑线上",使得很多孩子被迫提早结束无忧无虑的童年。然而,这其中有一个很大的观念误区。孩子的成长有自然的规律,就像大自然的四季变化,当孩子的身心还没有发展到可以吸收某些知识或技能的阶段时,提早学习往往没有效果,甚至会伤害孩子的心智。父母与其整天挂念着孩子未来有没有竞争力,不如从自我成长、自我突破的角度来引导孩子,这比强调要孩子赢过别人、打败别人更重要。

《大众医学》联合新浪健康频道曾在0—6岁儿童的家长中开展过一次调查,共有12258位0—6岁儿童的家长参加。调查结果显示,超过1/3的家长认为开发儿童智能的主要手段是文化教育,超过半数的家长认为儿童在智能开发前不需要专业评估。多数家长的育儿知识来源于书本和网络,大部分家长对幼教机构的学前教育十分青睐甚至依赖。超过1/3的参与调查的家长,是独生子女占多数的70后、80后这一代,这些高学历、高智商的新生代父母特别重视孩子的早期智能开发,他们所反映出来的问题十分耐人寻味。

通过分析可知,新生代父母在儿童早教方面的问题主要有以下七个方面:

(1)育儿的主要任务由保姆或老人代劳,把幼儿教育寄希望于早教中心或幼儿园。

(2)热衷于幼儿智能发展训练,不了解训练前进行医学评估的重要性。

（3）牢记成长"苦难史",为让孩子不再有自己的"缺憾"而重视早教。

（4）过分重视幼儿文化教育和技能训练,将儿童的智能开发等同于"上课学习"。

（5）令幼儿超负荷地"上课学习",忘记了健康比聪明、有本事更重要。

（6）对待儿童益智保健品,宁可信其有不愿信其无。

（7）不重视儿童保健门诊的作用。

很多家长认为,在孩子智力发展的初级阶段,为孩子选择最好的老师和最好的学校,将有助于孩子一生的发展。因此,各种早教中心、特色幼儿园对学龄前儿童家长特别具有吸引力。其实,最好的老师和最好的学校,就是家长和家庭。教育的目的是教孩子学好,养育孩子成人。每个家长都是孩子观察和学习的榜样,不管家长是否有目的和有意识地教孩子,孩子都在跟家长学习,听家长的教导。所以,当孩子的启蒙老师是每个家长必然的角色,影响孩子终身发展的教育首先来自家长和家庭,并不是老师或早教中心。

以上说的是问题的一方面,另一方面则是人的选择问题。比如,在社会学研究领域有个"乘火车理论",就是一个人可能开始时发展比较慢,但是他后来搭上了一列快车,他一定比开始发展得更快。这说明,更要紧的也许并不是智力问题,而是看你所选择的"发展空间"需要你做什么,如果需要的正好是你的长项,你就容易成为一个"天才"。

发现孩子的长项,是每一个父母最重要的工作。依照孩子自身的特点制定适合他的评价尺度，这对孩子而言实在是善莫大焉的事情。遗传决定人的限度，选择则可能决定人的命运。当你还没发现孩子的长项时，应该鼓励他发展自己的兴趣，兴趣所在，可能就是长项所在。

一个人的成长其实是非常缓慢的，教育孩子哪里能够速战速决，立竿见影？耐心就是和命运拔河，在耐心中机会总是能够找到的。其实，所有的奇迹都是耐心的结果。很多改变都是在不知不觉中发生的，很多改变甚至只有到了一定火候才有可能出现。英国的学者研究发现，一个孩子在16岁前是很难自主改正错误的。这样的研究，大概也会使我们放松点。我们总是容易嫌孩子不断地犯错误，重复犯同样的错误。大概我们和孩子生活在一起久了，有时也会忘记自己的孩子还只是个孩子。

2. 孩子的培养是一个缓慢的过程

首先，孩子的成长是一个缓慢的过程，家长不能太着急。就像我们种蔬菜、种玉米，都有一个自然生长周期。想必大家都不喜欢吃用化肥催熟的蔬菜。教育也是同样的道理。如果你过多地期待、过早地开发，过度保护和过度教育，就会给孩子带来巨大的心理压力，反而不利于他的成长。都市人喜欢散养鸡，觉得山沟里散养的鸡一定是好的。我也参观过养鸡场，在巨大的标准化车间，灯光一打开，合成的饲料一放，鸡就去吃,吃饱了,关灯,睡觉。过两个小时,再次开灯,让它们继续去吃,吃完再睡觉,几个月就养成熟了。如果我们的孩子也是这样,关在屋里长大,不让他见阳光,不让他到户外玩,在野地里撒欢,他就会逐渐丧失自主能力。

现在的孩子,由于大多是独生子女,父母给他的照顾无微不至,最后可能衣服都不会穿,甚至到国外留学还要陪读,现实生活中这种事例很多。

现在社会上流行的观点太多,什么0—2岁要学游泳,3岁要学什么,好像过了3岁没有学,孩子就完蛋了。除了睡觉外,孩子的其他时间全部被安排满了,包括周末。学了钢琴还要学舞蹈,孩子被弄得很辛苦。中国家庭教育中这种保姆式的喂养,甚至扩展到了国外。在国外有时能看到这样的场景:星期天,一些中国妈妈背着小提琴,孩子背着大书包,东赶西赶。美国孩子在踢球、在玩的时候,中国妈妈则陪着孩子去补课,成为一道独特的"风景"。

其次,勿"催熟"孩子。不要让孩子过早地失去快乐、自由的童年。现在大城市里一些孩子是怎样过日子的?曾有一位摄影记者抓拍了100张"中国式童年"照片,照片中的儿童,大多是房间里有一堆玩具,但只能"自己和自己玩",物质丰富,但不快乐。为什么美国的孩子、欧洲的孩子那么快乐,中国的孩子那么不快乐?我总结了几点:美国的小学不搞所谓的题海战术、美国的小学生不抄生字、美国的小学生不背诵课文,总是受到鼓励。我们总是背啊记啊,往往还没有起跑就倒在起跑线上了。客观地说,我们的基础教育质量是世界上最好的之一,但为什么仍有不少中国妈妈要送孩子到国外上学?我看主要是因为在我们这儿,孩子上学不快乐。

孩子的成长有自然的规律,就像大自然的四季变化,当孩子的身心还没有发展到可以吸收某些知识或技能的阶段时,提早学习往往没有效果,甚至会伤害孩子的心智。任何"催熟""拔苗助长",其实后果都是不好的。很长一段时期以来,我们的教育理念和社会上流行的教育观念出现了一些认识偏差,最典型的就是所谓的"不能让孩子输在起跑线上"。这实际上是在"催熟"孩子,让他们过早地学这、学那,过早开发孩子智力,但事实上却是帮倒忙,甚至是摧残孩子,使得大多数孩子过早失去了童真、幸福与自由。

最后,孩子的培养是一个陪伴与发现的过程。什么是发现?就是父母在陪伴孩子成长的过程中,会逐渐发现孩子在某一领域的天赋、特性和兴趣,因势利导加以开发。在这一过程中,切忌盲目跟风,别的家长带孩子学英语,你也带孩子学英语,而不管孩子喜欢不喜欢。教育培养孩子需要有一个耐心等待、陪伴发现的过程,这也是有机教育的核心理念。所以,我主张,有机育儿,个性发展。其目的是恢复教育的本质,让孩子缓慢地成长。这是因为,每个孩子的发展,存在着先后、个别的差异性。

不同的孩子,发育不同。有的孩子开窍比较早一些,有些孩子则比较晚一些,一定存在着差异性,而且每个孩子的特性、发展的潜力都不一样。因此,家庭教育只能借鉴,而不能完全复制。邻居家培养孩子成功的范例,完全复制到自己孩子身上，不一定会成功。这里我要提一个现象，为何中国女孩比男孩成熟、功课成绩更好？在我看来，主要是因为女孩更加适合我们的"应试"教育体制，女孩一般比男孩更听话、更专心、更仔细、更认真，不像男孩子调皮，喜欢玩，心智成熟比较晚。因此，我主张，男孩和女孩的教育方法应有所区别。你看看现在幼儿园里，女孩子受表扬的多，小学当班长的是女孩，初中、高中更不用说。过去文科状元大多是女孩，现在理工科中也出现了不少女"学霸"。而男孩则往往受到"压迫"，在家里，男孩被一群女人包围着，包括奶奶、外婆、妈妈，到幼儿园是阿姨，到小学是女老师，连班长也常常是女生。二十多年前，我做过一个有关青春期教育研究的国家课题，发现女孩生理发育要比男孩早差不多一到两年，这两年差距是不得了的。因为等男生"醒"过来，中考过去了，高考也过去了。为此，我曾向国家教育部提议，让男孩高考降低20分录取。对此，可能有一半人赞成，一半人反对。但问题是现在的教育，将男孩弄得像女孩一样，在学校里不能跑、不能跳，这样能培养好男孩吗？毛泽东年少时候经常洗冷水澡，锻炼身体。他说要"文明其大脑，野蛮其体魄"，在今天仍有指导意义。虽然在网络时代，男女生在职场上的性别差异已大为减弱，但我仍主张男孩教育与女孩教育应有所区别。我们做家长的、当老师的，一定要依据儿童心理发展规律来施教，尤其是要给男孩缓慢成长的机会，不要着急。

3. 成长是分阶段的

人的成长是分阶段的,某些大脑功用只是配备给某个具体阶段,一旦顺利度过了该阶段,大脑就会自动弃除这些功用。这是为了让人能够更集中精力、更加具体细致地运作生活。某个孩子三岁就识两千汉字,其实这是训练出来的短时记忆,并不能真正对大脑思考进步有多大益处。心理学研究发现,儿童的成长过程有一定的规律。这就是为何我不主张过早地开发孩子,让儿童太早去练什么"早教闪卡"、认识很多汉字的原因。事实上,如果一个月不训练,那些汉字大半都会被忘记。其实这正是儿童发展过程中大脑在自我保护,这也是天生的一种自我保护。

当然,并不是说孩子的大脑不要开发,关键是怎么科学开发、如何使用。具体来说,应根据孩子的天性、本性、特质来因势利导。其实孩子的注意力很容易集中,只要是他喜欢。如果一个孩子喜欢画画,真的很喜欢,你让他画,他一天坐在那里不动也不会累,因为他是在做一件喜欢的事情。比如他喜欢玩乐高玩具,他去拼装,注意力非常集中,吃饭都会忘记。所以,我们要研究孩子发展的差异性、分化性、性别优势等等。每个儿童,在每个成长阶段,都有他的特定优势和劣势。儿童一方面具有完成任务的典型能力,另一方面又具有典型犯错的特性。做父母的经常会遭遇如下尴尬场景:去参加家长会,老师说你的儿子坐不定,上课不专心,你一定脸红,回家就将孩子骂一通。但是,其实这是孩子的天性使然。

现代教育研究证明,任何碎片化的知识必须被理性梳理并建构起系统化的秩序,才能显示出知识的力量。中国孩子被要求大量记忆碎片化"知识",只会成为大脑沉重的负担,使人成为"书呆子""记忆棒"。任何人要成为自己大脑的主人,都必须建构属于自己的逻辑思维体系。我提倡让孩子少学一些"知识",提高他们的动手实践能力,加强合作分享教育。

尤其在互联网时代,由于信息爆炸,学校课程、知识教育的重要性已逐渐下降。全世界每天产生的信息、知识超出你的想象力,而且在不断更新。所以,学习已经变成是终身的事情了。从这个意义上说,相比单纯灌输知识,学校训练学生获取知识、整合知识的能力就显得更为重要。因此,我们对孩子的教育、培养必须有所选择,而不是靠苦逼、硬塞、"催熟"或者"提前抢跑道"。

我们要将更多精力放在研究儿童成长分化的规律上面。儿童成长过程中大概有三个重要的衔接分化时期:一个是3岁左右,大脑急剧成长;一个是幼小衔接的阶段;还有一个是考高中阶段,这三个关键期要抓好。我们要把握好"应试技巧"和"素质教育"的关系。我认为,这两者之间是有弹性和节奏的,要让孩子在交替的过程中、在自由和限制的过程中发展,这是一个教育孩子、培养孩子的策略。中国家长最容易出现问题的地方,一方面是从来不给孩子自己独立生活磨炼意志的机会,但又处处让孩子和别人竞争;另一方面是不少家长把培养孩子的目标限定在一个特别狭小的范围,就是成绩,成绩好就"一好顶三好",其他方面差一点,也没有关系。中国的父母在世界上最重视教育,也最舍得投入,但往往也是最容易出错的。

因此,我主张的有机教育,第一,是让孩子自然成长,而不是拔苗助长。第二,是家庭全体成员共同成长。正常的家庭关系应该是这样的:夫妻俩手拉手,孩子站在父母的前面中间位置,这样的位序,孩子既有独立性又有安全感。

在家庭教育上,我始终认为"方向比努力更重要"。我们的孩子都是天才,若我们的方向搞错了,培养的路径、方法搞错了,一切将适得其反。为此,我主张"有机育儿,健康成长",即恢复教育的本原,让孩子缓慢地成长,甚至是让他们更加野蛮、自由自在地成长。

4. 教育是农业而不是工业

教育是农业而不是工业给人最大的启发是,种田须"守天时",教育则要"顺童心""合人意"。养育孩子实际上是一个"守望"与"发现"的过程。守望靠耐心,发现靠用心。父母要在陪伴孩子成长的过程中,逐渐地发现他在某一领域的兴趣、特性与天赋,以便因势利导,切忌盲从,看到别的家长带孩子学英语、绘画、奥数,不问自己孩子喜不喜欢,就逼他跟着学,超前开发,这是违背儿童天性的。

"天人合一"是中国古代哲学的重要命题,尽管人们对于它有不同的理解,但有一点是肯定的,这就是要求人的行为必须顺天时、合人意。用现代的话来说就是尊重客观规律。捷克教育家夸美纽斯(John Amos Comenius)在《大教学论》中曾说过,人存在个体差异,教育不能强求一律。德国哲学家雅斯贝尔斯(Karl Theodor Jaspers)则强调,教育是帮助个人成为他自己,而非千篇一律,教育诉诸自由,而不是人类学上的自然事实,教育以从自然中不断获得的东西为其内容。为此,有机教育强调尊重儿童的天性,尽管这种生命成长是有差异、个别化的。大自然就是这样,有长得快的,也有长得慢的;有长成栋梁之材,也有长成无名小草。正因为自然界充满各种各样的动物、植物,才构成丰富多彩的生活世界。人类社会也不例外,不可能人人都成为政治家、企业家,绝大多数人都将会是普通人。事实上,社会是由不同的岗位构成的。教育若培养出像工厂生产出来的统一产品一样,反而会使人才过剩,最后导致被弃用。

哈佛大学的一项研究显示,儿童脑结构发育与其功能发展并不是完全对应的。最简单的例子是,孩子在0到15个月期间,属于语言、听力神经元突触密度最高期,但词汇量只能达到5到15个词。5岁以后,当这一区域的神经元突触的密度不断稀疏时,儿童每周学到的词汇量则会超过此前一年的词汇量。这意味着儿童脑结构和能力之间并非直接相关。

很多人都曾经看过神经元突触的发育图片,刚出生的婴儿的神经元突触密度非常稀疏,2岁时,神经元突触密度则达到了一生的高峰。很多早教机构都会拿这一图片作为宣传点，说大多数孩子说话、视力、听力区域的神经元突触密度，在1岁前就达到了最高峰，掌管抽象思维、逻辑思维等高级思维区域的神经元突触密度在2—3岁时达到最高峰，因此，"3岁是敏感期"，家长此时不开发，孩子一辈子就完了。然而，早教机构从来不会向家长展示0—10岁儿童的神经元突触密度的连续完整图片。其实，儿童在3岁以后神经元突触的密度就开始逐渐降低，到10岁时则呈现为一个非常稀疏的状态。

虽然2—3岁时儿童掌管抽象思维的神经元突触密度达到高峰，但此时儿童的抽象思维能力还没有发育好。这就是为何7—8岁儿童的认知脑结构线疏朗了，其抽象思维能力反而明显增强了。这一结果提示家长，幼儿期的家庭教育，不能对儿童进行以记忆、正确率为主的大脑认知强度训练。这个阶段主要应培养孩子的兴趣，使其养成良好的行为习惯。家长应该多陪伴孩子，与孩子多交流，耐心等待孩子的成长。因为每个孩子都是种子，只是花期不同，不要看到别人家孩子萌芽，提前怒放了，自己家的还没有动静，就着急了。要相信，只要是种子，耐心守望，就一定会看到它发芽与成长。

5. 有机教育与"工匠精神"

有机教育认为孩子的成长是一个缓慢的过程，重要的是要从小培养孩子的好奇心、专注力、持久性，而慢、专、精则是

"工匠精神"的关键所在。就这个意义上说,有机教育与"工匠精神"之间是款曲相通的。

"工匠精神"的核心是坚持"慢工出细活",推崇"精益求精"。"工匠精神"的第一个特征是"慢"而细致。比如德国科隆大教堂,始建于1248年,直至1880年才宣告完工,耗时超过600年,打造了一座完美的哥特式教堂,令人叹为观止。"工匠精神"的第二个特征是"专注"。据《中华工商时报》2012年5月16日的报道,德国约有370万家企业,其中95%都是家族企业,或是企业决策权被一个家族控制。像"螺丝大王"莱茵霍尔德·伍尔特(Reinhold Würth),1954年从过世的父亲手中接管下当时只有两名雇员的螺丝贸易公司,如今公司已有5万多名员工。该公司自始至终坚持"专一",生产的螺丝闻名全球。"工匠精神"的第三个特征是"匠心",即精益求精,不浮不躁,维护好"百年老店"品牌。在瑞士日内瓦,无论是制表人,还是手工巧克力店主,他们的想法不是市场占有率,将公司上市,去海外开连锁店,而是想怎么样使本店保持百年长盛不衰,这绝不是一件简单的事。

教育同样如此,切忌太急功近利,而需"慢工出细活"。每一个孩子的特质决定了其自身成长的逻辑,需慢慢培养。常识告诉我们:站在一棵幼苗面前,可以看出它旺盛的长势,却感觉不到它的成长,只有隔一段时间看才会发现它的变化。另外,农业也是一个比较复杂的过程,农田里的秧苗需通过选种、培土、浇水、施肥、除草等一系列田间管理和耐心等待,才能茁壮成长直至结出成熟的果实。这些都说明,秧苗虽小,但有它自己的成长规律和季节,次序不能被随意打乱。如果光为了追求速度,不但会破坏它的生长周期,影响灌浆、拨穗、成熟,甚至会影响收成。

反观时下我们的教育,快餐式、太重事功,故较难培养出具有"工匠精神"的人才。有人会说现在是"快销品时代","工匠精神"已不符合当代人即刻消费、即刻扔掉的生活方式。但是,为何时下人们越来越珍视文物、手工艺品?为何一块瑞士手表可以卖到几万元甚至几十万元?这就是慢工出细活——"工匠精神""百年老店"稀缺价值、独特魅力之所在。

6. 保护儿童的多样性

在漫长的地球生命演化进程中,生物与生物之间的关系逐渐变得精细、复杂,往往出现需要两种生物在一起生活的现象,这种现象统称为"共生"。如大海里小鱼为鲨鱼口腔清除寄生虫的共生关系,鲨鱼不吞吃小鱼,小鱼清除寄生虫,而不咬吃鲨鱼的口腔组织,它们相互之间以依存、帮助作为共生共存之前提。植物界也存在类似共生关系,一方为另一方提供有利于生存的帮助,同时也获得对方的帮助。如我国长白山地区,由乔木、灌木、草木构成,形成了和谐共生的生态圈、植物链。再像美国加州,时不时发生的山火有利于森林植被始终处于疏密有致、合理分布的生态平衡之中。但是,当代人类对耐阴植物人为破坏得太多,导致原始森林内气候过于干燥,容易触发连绵山火,酿致不可收拾的结果。

　　同理,为了适于生存,在生物进化过程中,人类大脑保存下了无数的规则与分类,以快速、有效地指导当下的行为。有个日常生活中的现象能说明问题:现在汽车普及了,但为何人坐汽车会晕车?这是因为现代人对运动的大脑感知,依然停留于早期人类对身体运动速度的适应水平,这就是高铁、观光电梯会加装减速玻璃之缘故。传统社会是一个变化缓慢的社会,许多人一辈子不用换工作。而工业社会则是一个竞争社会,影响到人的行动和组织方式。如今我们开始步入后工业化社会或信息社会,高度的复杂性和高度的不确定性是后工业化社会或信息社会的"两个面向"。生活在一个快速变化的社会,种种不确定、风险以及更细分工给人带来压力,使得人与人合作意愿重新增强。可以说,在当代社会,一个人离开了合作,几乎是寸步难行。

　　社会类似大自然生物圈,需要不同成员之间相互合作、共生共存。在当下个体化的城市社会里,已很难说哪个岗位重要,哪个岗位不重要。今天的热门职业,明日说不定就遭淘汰。尤其是进入后工业化时代,职业细分将导致人的等级、身份趋于淡化。另外,在"斜杠时代"(跨界合作、多身份、共享经济时代),人与人之间共生关系的互补性也将超过竞争性。

　　因此,在教育孩子方面,我们反对千篇一律、整齐划一,提倡保持孩子的多样性。在大自然中,一棵大树的绿叶不可能都长得一模一样。在社会中,一个团队则需要由各种性格的人组成。正由于成长允许多样性,这个世界才色彩斑斓、丰富多样。

7. 松紧有度，把握好教育"节奏"

种庄稼，不除草，任其疯长，庄稼长不好；过度施肥，超过了度，庄稼吸收不了，也长不好。教育孩子同样需要松紧有度。教育的艺术就似拧自来水龙头"开关"，太松太紧都不合适，关键是把好松与紧这个"度"。

英国哲学家、教育家怀特海（Alfred North Whitehead）认为，自然是活的，生命在本质上是周期性的，四季交替、劳逸结合，都是这种周期性的反映。教育必须根据这种周期性、阶段性把握教育的节奏与规律。浪漫阶段是开始领悟的阶段，覆盖儿童生活最初的12年。这一时期，儿童尚处于直接认识事实的阶段，知识不具有条理性。精确阶段包含了儿童在中等学校受教育的整个时期。综合运用阶段，则是进入大学后、踏入社会的人生展开时期。儿童在不同发展阶段，教育节奏、内容都应有所区别，不能搞反了。比如在童年阶段，由于孩子抽象思维尚未充分发展，应更多运用基于"事实"的教育。在这方面，中西方教育理念的差异还是很明显的。

比如在德国幼儿园的室外活动，基本都是自由活动的形式，孩子们爱玩啥玩啥，老师只在一旁观察、鼓励和启发孩子，确保孩子的安全并维持游戏秩序。维持秩序的意思是指在孩子们发生如争抢玩具等矛盾时，如果孩子无法和平解决而欲诉诸武力，老师会出面制止和调和纷争；如果有孩子不按规则排队,老师也会出面明确地告诉他不可以插队。有人纳闷,德国幼儿园那么自由散漫,没有老师的严厉管教,出来的孩子能懂得遵守规则和自律吗?可德国人恰恰是世界上比较遵守规则的。而我们的教育,则强调整齐划一和纪律训练。在早晨幼儿园操场,经常可以看到这样的场景:老师喊着"一二一"口令,带领着两队小朋友整齐踏步走到操场。孩子们到了室外开始情不自禁地说话嬉闹。老师忙活了半天就只干了一件事——整顿纪律,让孩子们按照她的要求站好队。

那么"守纪律"教育好,还是"守规则"教育好?有人说规则的建立是为了更好地服务大众,让每个人都生活在公平、安全的社会里。在一个规则健全、人人遵守的环境里,每个人都是规则的受益者。而纪律的制定通常是为了让一方绝对服从另一方,不能质疑,更不能挑战。纪律的本质是规训与害怕,而规则的本质是认同与内化。如果孩子在幼儿园学到的仅仅是遵守纪律,那么一旦他脱离那个令他害怕的权威环境,比如回到家,孩子害怕的因子消除了,也就感到没有必要继续遵守纪律了。这种教育模式下,容易培养不健全的人格。相反,如果孩子学到的是规则,在互相尊重与理解的基础上认同人人都应遵守的规则,那么无论他走到哪里,无论有没有人监督他,他都会自觉地去遵守规则,主动去维护公平和正义。

在我看来,纪律与规则,也不完全是割裂、对立的,两者对童年期孩子的训练都是必须的。关键是要教会孩子区分公共空间与私人空间、责任与义务、个人自由与社群秩序的关系,并通过"情境教育"让孩子体验与内化。比如德国幼儿园通过

"餐桌规则""收纳整理规则""先来后到和轮流玩规则""喝水规则""午睡规则"等"自然后果法"的实施,让孩子们懂得遵守或者违反规则会受到什么奖惩,分得清、记得牢,这对我们依据青少年思维特点、分层递进开展行为习惯训练是有启发的。

8. 无须"完美",但求"完整"成长

法国启蒙思想家卢梭(Jean-Jacques Rousseau)说过,大自然希望儿童在成人以前就要像儿童的样子。如果我们打乱了这个次序,我们就会培育出一些早熟的"果实",而且"果实"很快就会腐烂。教育是农业而不是工业,播种下去后,需要肥料、阳光、水土,还需要"田间管理"。就像怀特海强调的,对儿童的科学教育、技术教育和人文教育,三者相辅相成,缺一不可。但是,源于现代哲学之精神与躯体、思想与行动之二元对立的现代教育却割裂了三者的内在联系,或是把科学教育与技术教育对立起来,或是把科学教育、技术教育与人文教育对立起来,导致了狭隘的专门化,是一种"最糟糕的教育"。而缺少文化,未曾接受完整人格训练,没有良知,即便掌握了"完美"知识也是野蛮的。用有机教育的观点表述,就是儿童成长无须追求满分、事事完美,而应更多关注其人格完整、身心健康。

所谓"完美"教育,看似追求卓越,但到头来,还是追求事功与学业成绩。时下不少家长要求孩子考试容不得半点失误,除了学习还是学习。在我看来,倘若一个学生从小到大门

门功课100分,那他的人格可能就会有缺陷。这很容易出现知识掌握上"高均值、低标准差",而人格养成上"低均值、高标准差"现象。典型表现为那些面临中考、高考的学生,为了拿到高分,只得不停地"刷题"。这绝对不是教育的正常现象,只能说明我们的教育出了问题。

在当下的信息社会,知识观业已发生重大改变。由于人对知识的掌握程度,无论是在速度还是在正确性上远不如机器人,人的优势在于"弹性",故现在家长应该拿出未来的眼光,着重培养孩子的"人类能力",千万别跟机器人抢饭碗。这就是为何有机教育格外强调"完整"教育的理由之所在。什么是"完整"教育?往简单里说,就是将孩子引向有"厚度",成为心智成熟、人格完整的现代人,正如印度哲学家克里希那穆提(Jiddu Krishnamurti)指出的,教育的最大任务在于产生一个完整的人,能将生活加以整体地处理。除了知识之外,还有更重要的东西需要学习。我很赞赏习近平主席母校北京市八一学校提出的"三品"育人目标——品德好、品行优、品位高。如果我们的学生都能具备上述"三品",那就基本达到了完整发展的、"高均值、低标准差"的培养目标。

总之,有机教育不是主张播种后放手不管,任其自由成长,而是强调要做好"田间管理",该施肥时得施肥,该除虫时得除虫。这种"田间管理",要抓根本、抓关键。有机教育不期望收获是统整与"完美"的,只是希望果实是无污染、非速成、成熟"完整"的,尽管形状各异。

二
让孩子快乐成长

有机教育　让孩子幸福的教育
●●○○○○○

1. 保护孩子的梦想

毫无疑问,每一个孩子都有自己的梦想。无论是哪一个国家或民族的儿童,都是有追求的。如今,人们把提高幸福指数作为时尚,而实际上,有梦想、有理想的生活才是真正幸福的生活。2011年,《扬子晚报》记者对江苏省南京市鼓楼区某小学四(7)班的学生家长做的一项调查显示,半数家长觉得孩子不幸福,主要是竞争环境促使少年老成。

在某个"六一节梦想主题班会"上,南京某小学一位三年级班主任和班上最优秀的一位男生之间有以下一段对话:"你长大后的梦想是什么?"

"我希望我以后能在一个有山有水的小乡村过世外桃源的生活。每天有肉吃,还弄点小酒喝喝。再给我一根钓鱼竿,每天钓很多鱼,再放掉。多么自在!"

"那你现在到农村生活也能这样,当然除了喝酒。"

"妈妈说,人生必须要有一次辉煌,只有经历了辉煌回归才有价值。所以,为了以后的辉煌,我现在必须得补课、搞竞赛,还要学好特长……"

现在的父母总是希望为孩子一手操办所有的事情,上到报各类补习班、兴趣班,下到孩子每日的饮食、着装。但不少孩子表示,父母的一片苦心有时候不但会帮倒忙,还会激化家庭矛盾。"我本来很喜欢弹钢琴,但是因为其他很多孩子都去考级,我妈妈就跟着了魔一样动不动带我去训练,还说'过了十级就再也不管你练不练了'。"一位被认为是"钢琴神童"的小男生无比愤恨地告诉我,他发现妈妈让他学琴的目的是自我炫耀,根本不在乎他的喜好。"她认为我这个有天赋就拼命去搞特长,令人厌烦。"

读小学五年级的小奚告诉我,她最烦老爸在她做数学题的时候唠叨。"每次我做数学题时,他就喜欢站在我身后边看题目边说,这题按什么思路解最好,那题的解题方法多半绕了弯路。其实不用他说,我自己也能思考出来啊。"小奚说,虽然自己也能理解父亲是关心自己,但这样的疼爱方式还是让她觉得"吃不消"。五年级的李同学说,现在到了高年级,自己也知道要抓紧每分每秒,但有时候做完作业刚准备看会儿课外书调节一下,老妈就开始唠叨了,"还有一年就小升初了,要多把时间放在学习上面啊"。李同学说,这样的唠叨既打乱了自己的复习节奏,也无形中增加了自己心理上的压力。

现在的孩子面临方方面面的压力,当然与快节奏的社会环境有很大关系。特别是成人的目标意识和激烈竞争对孩子形成了潜移默化的影响,造成了现在的孩子尝不到"童年的味道",越来越多的"少年老成"取代了过去的天真快乐。因此,家长和老师不要再给孩子加压,不要给予孩子太多明确的"目标"规划。让孩子过早接触到成人社会中的竞争和压力,会大大降低孩子童年的"幸福指数"。

如今孩子拥有的物质条件越来越好,但精神层面上的获取却反而少了。不少孩子喜欢沉溺在自我世界当中,比如与手机和电脑的"屏幕"做朋友,对于正常的人际交往缺乏耐心,这也是造成有些孩子内向,不善和他人交流的原因。为此,家长在节假日和休息时间,不一定要准备过多的物质上的礼物,而可以选择多花时间陪陪孩子,比如陪孩子看场电影,带孩子去户外散散步、聊聊天,这样精神层面的给予其实更有意义。

一个孩子拥有真正属于自己的梦想,并且可以为实现这一梦想去努力,不论这一梦想能否实现,这样的人生就是成功的、幸福的人生。我们都希望孩子未来能够健康,希望孩子快乐,但如果孩子从小就被逼、被骂,他怎么能健康、快乐?

如何培养一个优秀的儿童?美国儿童心理学家里恩(D. Lean)曾提出十七条标准。我想"优秀儿童"总是少数,但培养孩子具有若干优秀品质,大多数家庭、大多数孩子还是完全能做到的。下面是美国"优秀儿童的十七条标准",仅供家长参考:

(1)知识和技能:掌握基本技巧和知识,能够适当运用这些技巧解决具体问题。

(2)注意力集中:不容易分心,能在充分的时间里对一个问题集中注意力以求得解决的办法。

(3)热爱学习:喜欢探讨问题和做作业。

(4)坚持性强:能把指定的任务作为重要目标,用急切的心情去努力完成它。

（5）反应性好：容易受到启发，对成人的建议和提问能作出积极反应。

（6）有理智的好奇心：从自己解答问题中得到满足，并且能够自己提出新问题。

（7）对挑战的反应：乐意处理比较困难的问题和进行争论。

（8）敏感性：具有超过年龄的机灵性和敏锐的观察力。

（9）口头表达的熟练程度：善于正确地运用众多的词汇。

（10）思维灵活：能够形成许多概念，善于适应新的比较深刻的概念。

（11）思想开放：能够及时摆脱自己的偏见，用他人的正确观点看问题。

（12）独创性：能够用新颖的或者异常的方法来解决问题。

（13）想象力：能够独立思考，富于想象力。

（14）推动能力：能够把既定的概念推广到比较广泛的关系中去，能够从集体的关系中理解既定材料。

（15）兴趣广泛：对各种学问和活动都感兴趣，包括戏剧、书法、阅读、数学、科学、音乐、体育活动和社会常识等。

（16）关心集体：乐于参加各种集体活动，助人为乐，和他人相处融洽，对别人不吹毛求疵。

（17）情绪稳定：保持自信、心情愉快和安详自在，有幽默感，能够适应日常变化，不暴怒。

2. 让孩子做最好的自己

在中国近代史上，有两位有名的各持不同育儿观的家长，他们分别是胡适和鲁迅。胡适是著名学者、诗人、文学家、哲学家、历史学家。在对待孩子的教育问题上，胡适认为"做最上等的人"才是成功的，他教育自己的孩子要成为社会精英。这也许是现在许多家长的育儿观。作为家长，你可以反思一下，在教育孩子的时候，是否说过类似这样的话："在一班要赶在一班的最高一排，在一校要赶在一校的最高一排。功课要考优等，品行要列最优等，做人要做最上等的人，这才是有志气的孩子。"这是胡适曾说过的话。今天的为人父母者，在当年的胡适身上，恐怕不难窥见自己的影子。

无疑，胡适是一个成功优秀的人才，但不一定是一个好的教育家，也不一定是一个好家长。胡适的小儿子在美国读书期间，不仅没有成为"上等人"，反而因嗜赌如命差点被关进大牢。年纪稍长一些后，胡适对妻子说过这样的话："你对儿子总是责怪，这是错的。我现在老了，稍稍明白了，所以劝你以后不要总是骂他们。"但愿今天的家长不要再走胡适的老路，在此，我建议各位家长多学习另一位——曾被称为"民族魂"的文学家、思想家、革命家鲁迅。

几乎每个中国人都知道鲁迅，但对于鲁迅的子孙辈，大家却并不一定都知道。鲁迅逝世前曾立下遗嘱：孩子长大，倘无才能,可寻点小事情过活,万不可去做空头文学家或美术家。鲁迅先生宁可自己的儿孙做一个能自食其力的普通劳动者,也不要做徒有虚名、华而不实的人。鲁迅的儿孙也真正实践着他的遗愿:儿子周海婴一生捣鼓他的无线电,孙子曾靠卖爆米花度日。大家想想,作为鲁迅的后人,他们要做空头文学家或美术家,应是一件不难的事。因此,可以说,让孩子靠自己生活、为自己生活,鲁迅的这种教育理念无疑是明智的。

鲁迅先生的这种家庭教育观对孩子的成长有益,对现在的家长朋友们也有借鉴意义。鲁迅先生的这种育儿观念也就是我们经常说的"做最好的自己"。所以,对于那些望子成龙、望女成凤的家长,那些盼望自己孩子成为钢琴家、书法家、音乐家、美术家而正在奔忙的家长,若你们的孩子没有那些方面的兴趣,就不要再强迫他们按照你们设想的方式成长了,只要孩子将来能成为对社会有用的人,能够做最好的自己就好了。

从生物学角度上说,这个道理很简单。我们在电视中可以看到,动物幼崽一生下来就要挣扎着学会自己行走,在一定阶段必须学会自我寻食,这是生物进化的最好印证。然而,人类需要经过十月怀胎,从出生到能够说话、站立、行走,一般需要一两年的时间。就这一意义上说,人类都是"早产儿"。因为人类婴幼儿期比动物幼崽需要更多父母的照料与养育。这证明人类家庭在孩子早期教育上,需要花费的时间更长、精力更多。

我国心理学家曾对 20 万人进行过统计,结果显示,智力特别高的人,仅仅占到了统计总数的 1%—2%;同样的,那些智力特别低的人,也只占到了1%—2%的比例。美国学者对本国人口智力分布的统计结果显示,处于正常智力范围的人群,占到总人口比例的80%,把天才与过于愚钝者的比例合计起来,也只有区区的4%。这就是家庭人口智力遗传的"高斯分布"现象。这暗示着,大多数孩子(包括我们大多数做家长的)最终都成为平常人。而做一个平常人其实是很幸福的。

稍有些阅历的人都知道,如果生活在计划经济时代,一个人的职业发展往往是被定死了,也就是进一个单位"从一而终"。可是现在很可能你先读书,毕业后你也把工作做得非常好,但是你的公司由于一种新的技术革命等原因倒闭了,你暂时失去了工作,如果经济状况许可的话,你可以选择出去旅行一段时间,提前享受自己美妙的人生,然后再去学习,再去就业或创业。现在我们的孩子面对的这个时代,就是要一次又一次地开始人生的新征程,这是整个人类历史当中不曾经历过的。

在开放的时代,我们做家长的应该具有开放的心态。教育就是让一切孩子在接受教育的过程中,逐步获得正确的心智、美德,让正常的孩子日趋伟大,让有缺陷的孩子获取幸福。其前提是,我们必须掌握一种缔造伟大与幸福的工具,这种工具正是正确而科学的教育方式与环境,而每个孩子都只是教育下的产物。从这个意义上说,有着怎样的教育,也就有着怎样的孩子。

3. 还孩子幸福的童年

2011年,湖北省特级教师、武汉市武昌实验小学校长张基广发表了一段关于孩子教育的论述,引发了各方热议。在谈到"我心目中的教育"时,张基广老师用老子的"道法自然"、孔子的"和而不同"来概括,"教育应该尊重人的自然成长规律,同时应该注重人的个性化发展"。他补充说道:"通俗地说,就是让学生'今天睡好觉,明天不跳楼'。"回想说这番话的缘由,张基广老师说,作为一个校长和教育工作者,自己经常追问:"什么是教育?什么是学生?什么是老师?"他说,"今天睡好觉,明天不跳楼"是说给广大教育工作者和家长听的。"睡好觉"说到底就是要减轻负担,学校、家长要给学生留下自主、自然、个性发展的时间和空间,为其终身发展打好基础。上述言论折射了真实、严峻的教育现实。

提到中国教育最大的问题,我认为,是学生负担太重,压力太大。这一问题的出现,究其根源就是教育方式没有按规律办,因而出现"拔苗助长""小大人"现象等一系列问题。其背后是社会的功利主义的教育观在起作用,其逻辑在于一个孩子的潜力可以无限制地进行开发,却全然不顾对孩子生命的尊重。这使得我们许多家庭只能跟着流行走,只能"分兵把关",不敢懈怠。而倒霉的是我们的孩子,他们失去了美好、天真和快乐的童年。这是工具主义教育价值观的集中表现。其

实,什么是教育,教育最根本的目的是什么,苏联教育家苏霍姆林斯基说得很清楚。他在《给教师的建议》一书中指出:

> 教育最根本的是要给孩子们心灵的幸福。有一样东西是任何教学大纲和教科书、任何教学方法和教学方式都没有作出规定的,这就是儿童的幸福和充实的精神生活。我认为教育的理想就在于使所有的儿童都成为幸福的人,使他们的心灵由于劳动的幸福而充满快乐。我亦认为,充实的精神生活是孩子心灵幸福的基础,也是教育要给孩子的最重要的东西。

因此,作为父母可以期望学校能够为孩子提供知识和技能训练,但最好不要指望学校能够训练孩子的性格和身体。学校教育总是重视学生的知识学习,站在"知识本位"那边;而家庭教育就必须站在"性格—身体本位"这边,更重视孩子的性格和身体。"上帝的归上帝,恺撒的归恺撒。"同理,家庭的归家庭,学校的归学校。

其实,说到底家长的"责任"是为孩子提供两个"遗传":一个是先天遗传,一个是后天遗传。做家长的可以对自己的教育方法持乐观的态度,但也不要乐观到不考虑遗传的程度。不要恨铁不成钢,铁有铁的用处,钢有钢的用处。不要以为丑小鸭变成白天鹅是丑小鸭努力学习的结果,真实的原因是:丑小鸭的妈妈生了一个"鹅蛋"而不是"鸭蛋"。

美国2012年的一项研究在统计了2000多个家庭的父母及孩子的智商数据后证实,母亲和孩子之间的智商确实比父亲和孩子的相关性略强。比如,母亲和儿子的智商相关程度为0.443(相关性越接近1,两者的相关性越强),而父亲和儿子的则为0.411。但是,这其中的差距实在是微乎其微。这似乎推翻了"儿子的智商由妈妈决定"的说法,父母和子女的智商都有关系,但也都不起决定作用。

然而,早在1972年,美国就有人提出"智力基因在X染色体上"这样的说法。那时候,基因测序还没有实现,研究人员仅仅通过男女智商统计差异而有了这种猜测。因为他们发现,尽管男女智商统计分布都是高斯分布,但是男人的智商分布的方差要大一些,也就是说智商特别高的和特别低的男人占的比例要比女人多。不仅如此,某些智力障碍类的遗传病好像对男人情有独钟。种种迹象表明,智力的遗传和性染色体有着密切的关系。

21世纪初,随着人类基因组计划的蓬勃发展,越来越多的基因序列编码得到了破解。科学家们发现,X染色体上的近千个蛋白质编码基因里至少有40%都在大脑里,远远超过Y染色体。也就是说,X染色体对大脑结构、认知能力、智力发育等等都有着巨大的作用。对于男孩来说,X染色体来源于妈妈。也就是说,理论上讲妈妈对儿子智力方面的遗传作用是巨大的。

那么,X染色体上的基因是如何决定大脑结构的?当儿子从妈妈那里得到X染色体的时候,妈妈编译大脑时用的X染色体是被随机选择的,母子俩的大脑结构可能完全不一样,也可能有很大的相似程度,最有可能的结果是既有一部分的相似度,又有一部分的不同。大自然的设计就是如此巧妙,尽管妈妈在儿子智力的遗传问题上要负主要责任,但是仅依据妈妈的聪明程度还是不能绝对准确地预测儿子智力水平的高低。另外,由于基因印记(genomic imprinting)①的存在,有科学家猜测相对于妈妈通过 X 染色体遗传智力,爸爸是通过常染色体②表达基因从而影响后代的大脑和行为。但由于基因印记很少见,只占不足 1%,这种影响并不显著。

X 染色体上集中了大量智力基因,这听起来好像对于男人来说是"不利"的,但很多科学家认为,这其实是人类智力进化的一个很大的优势。澳大利亚纽卡斯尔大学的吉莉安·特纳(Gillian Turner)教授认为,人类的智力进化比别的任何遗传特征都要迅速,如果想要快速地把一个基因在人群里传播,把它放在 X 染色体上是最明智的选择了。X 染色体作为性染色体已经有三亿多年的历史了,它的大部分基因都得到了很好的保存,并且在性染色体上一直是处于主导的位置。所以,有人猜测,X 染色体上的进化并不主要靠新的基因的产生,而是很大程度上由旧的基因产生新的组合。

---

① 基因印记是指传给子代的亲本基因在子代中表达的状况取决于基因来自母本还是父本的现象。该现象在合子形成时已经决定,是涉及基因表达调控的遗传。目前发现导致这种遗传差异的有 DNA 甲基化、假基因作用、染色质构象等因素。
② 常染色体就是对性别决定不起直接作用,除了性染色体外的所有染色体。例如,人的正常染色体为 46 条(23 对),其中 22 对被称为"常染色体",男女都一样;另 1 对被称为"性染色体"。

不少科学家还猜测天才基因也是和 X 染色体息息相关的。假象的天才基因模型有六个基因全部在 X 染色体上。第一代妈妈 X 染色体减数分裂①之后产生了一个天才基因组合——全 A 基因的儿子；这个儿子和另外一个女人结婚，生了两个孩子，他的天才基因只能传给他的女儿，而不是他的儿子。而他的女儿再结婚，由于减数分裂中染色体发生重组（X 的位置）的原因，天才基因组合被拆散了，所有的第四代都很平庸，但基因还在传播下去，期待着再次出现天才组合的机会。所以，虽然天才基因可以延续，但是天才的出现只是个偶然事件而已。如果这是真的，天才基因还需要靠女人传承，各位天才男人们应该生女儿，否则基因在儿子那里将会"断了香火"。

由此，就人类而言，智力的分布总是两头尖、少，中间广、多，这意味着，绝大多数的孩子，都处在相差无几的同等智力水平上，这也就意味着，在智力因素之外，还存在着我们所不了解的其他因素。著名的"影响力调查"研究得出一个"成功公式"：

100％成功＝100％意愿×100％方法×100％行动

仔细研究这个"成功公式"，不难看出其背后丰富的含义：(1) $1×1×1＝1$——要想获取成功，即 100％达成预期目标，

---

① 减数分裂是指性细胞分裂时，染色体只复制一次，细胞连续分裂两次，染色体数目减半的一种特殊分裂方式。减数分裂不仅是保证物种染色体数目稳定的机制，也是物种适应环境变化不断进化的机制。

三项要素不是各占百分之多少,而是必须全部都是100%。(2) $0×1×1=0,1×0×1=0,1×1×0=0$——三项要素缺一不可,任何一项是零,结果都是零。(3) $50\%×50\%×50\%=12.5\%$——三项都是50%的话,成功的概率不是人们通常所想象的那样大概也是50%,而是12.5%,换成一句俗话,就是"十有八九不成功"。这对我们家庭教育具有启示意义。

我想告诉家长朋友们,你把所有的一切,你的生命、财富、地位全部交给孩子,你的孩子都不一定会终身幸福。你只有教会孩子如何做一个成功的人,教会孩子学会追求自己的目标,学会享受达到目标以后的幸福感和满足感,你的孩子才会获得真正的幸福。

为了给孩子一个幸福的童年,一个精神充实、心灵自由的童年,首先,让孩子有自由支配的时间,发展孩子的各种兴趣。现在一些小学一二年级的孩子写作业到晚上10点左右,高中生的学习时间则更长,晚睡早起更是家常便饭。中小学生从早到晚都围绕着学校的教科书和练习在转,甚至周末还要在家长的安排下上各种各样的兴趣班、补习班,学生根本没有自由安排的时间,更没有时间去发展自己的兴趣爱好。长时间地从事一项枯燥的脑力劳动,带给孩子的是对学习愿望的降低,对学习兴趣的减弱,这不仅对孩子智力的发展是没有多大益处的,甚至会对孩子的健康造成威胁。这也是造成众多中小学生"厌学"的重要原因。

其次,要克服负担过重的现象,也得使学生有自由支配的时间。自由时间是丰富学生智力生活的首要条件。家长要教给孩子利用自由支配的时间,教会他们自由安排时间,就是要使他们形成合理的爱好。这就意味着尽量做到让有趣的、使孩子感到惊奇的东西,同时成为孩子的智慧、情感乃至全面发展所需要的、必不可少的东西。使孩子在属于他们的时间里充满使他们入迷的事,而这些事又能发展他们的思维,丰富他们的知识和技能,同时又不致破坏童年的情趣。

三

我的新家庭教育"三角理论"

有机教育　让孩子幸福的教育
●●●○○○○

传统的家庭教育一般是指家庭中的父母及其他成年人对未成年子女进行教育的过程。其教育目标应是：在孩子进入社会接受集体教育(幼儿园、学校教育)之前保证孩子身心健康地发展，为接受幼儿园、学校的教育打好基础；在孩子入园、入校后，配合幼儿园、学校的教育，使其德、智、体、美、劳诸方面得到全面发展。教育的重点是培养孩子良好的道德品质和养成良好的行为习惯，行为习惯包括生活习惯、劳动习惯、学习习惯等，教会孩子如何做人。

在20世纪90年代后期，发达国家家庭教育理论吸收了终身学习的思想，提出家庭教育不仅仅是家庭中人与人之间的事，而是所有家庭成员适应社会的学习与成长活动。在当代构建和谐社会以及整个社会进步与人的发展的过程中，家庭教育已不仅仅是学校教育的延伸和补充，而是同学校教育、社会教育既有密切联系又各有独立体系的现代国民教育的重要组成部分。

近年来我国学术界对于家庭教育认识的深化，可归结为如下几个方面：从认为家庭教育就是家庭内部的事情，发展到家庭教育是关乎社会的事情；从认为家庭教育的任务就是学习生活技能、处理家庭人际关系，发展到在各个方面促进家庭成员的身心健康和全面发展；从认为家庭教育就是家长(父母长辈)对于子女的教育,发展到家庭成员之间的互相关心、爱护、帮助和指导;从认为家庭教育只是对学前儿童的教育,发展到终身教育,即人的一生都受家庭教育。

如果把家庭看成一个三角形,那么父亲、母亲、孩子便是三角形的三个角,在这个三角形中,每条边都代表着两个家庭成员间的关系。一个健康幸福而利于孩子成长的家庭,应该是一个什么样的三角形?以下是常见的几种家庭关系类型:

第一种:夫妻关系较近,给孩子均等的爱。

对孩子的影响:有利于孩子性格的形成,同时学习男性形象和女性形象。

在一个健康的家庭关系中,夫妻之间的感情是最重要的,夫妻关系比亲子关系更重要。在这种类型中,一方面,夫妻关系很和睦,能给孩子良好的家庭环境,由于父母关系很好,孩子也会对婚姻产生美好的感觉和向往,感受到婚姻就是像父母那样相处;另一方面,父母双方能给孩子比较均衡的爱,这样,孩子便能从父母那里同时学习男性形象和女性形象,这对孩子的成长也是很有益的。

在生活中,常常会出现"异性相吸"的情形,家庭中也不例外。有时,男孩表现出与母亲更亲,女孩则表现出与父亲更亲。在夫妻关系较近的家庭模式中,"异性相吸"也是家庭关系达到平衡的"功臣":男孩喜欢母亲,就会在潜意识中嫉妒父亲,"为什么母亲会喜欢父亲呢?"他就会在观察的过程中以父亲为榜样,学习父亲的很多优点,所以夫妻关系融洽,对孩子的性格形成是很关键的。

第二种：夫妻关系较远，离孩子更近。

对孩子的影响：可能会导致孩子以自我为中心，任性、自私。

第二种类型就是人们常说的"以孩子为中心"。这种类型常发生在夫妻关系一般，虽然没有太大冲突，但时常处于"冷战"状态的家庭中。由于夫妻之间的关系比较淡薄，因而常常到孩子那里寻求情感的慰藉，由此孩子常常被溺爱、过度保护，甚至生活被过度干涉。这种类型会导致孩子以自我为中心，比较任性和自私等，不利于孩子各方面的发展。这样的家庭表面上看起来尚能平稳，但却潜藏着危机。

第三种：夫妻关系完全依靠孩子维系。

对孩子的影响：孩子可能以自我为中心，自私自利。

第三种类型是第二种类型的极端化，夫妻间距离更远，问题更突出，两人的关系完全依靠孩子来维系，孩子甚至成为婚姻的阻隔、障碍，也就是人们常说的"婚内第三者"。在这种家庭中成长的孩子，常常被极端地溺爱。现在一些家庭就存在这种状况，夫妻之间几乎没有感情，婚姻成了"将错就错"，他们宁肯和对方没感情，但为了孩子，他们还是忍着，维持家庭的完整。

因此，在正常的家庭中，家庭成员间应该是等边三角形，每一个家庭成员在情感上互相支持，在心理上互相依赖，在物质上共同享受，正是基于这样的机制，才使得家庭成为每一个家庭成员的"避风港"与"保护地"。对于身心尚未健全的少年儿童来说，这一点就更具重要意义。

1. 亲职教育——今天如何做父母

孩子成长为怎样的人,起奠基作用的首先是父母的教育。因此,家庭结构三角关系对应的第一条边是"亲职教育"。"亲职教育"来源于英文"parents education",美国称之为"父母教育",德国称之为"双亲教育"(Elternbildug),俄罗斯称之为"家长教育",我国台湾地区学者译为"亲职教育"。它最初是心理学研究对家庭教育提出的一个新概念,指协助为人父母或将为人父母者了解自己的职责,提供有关儿童、青少年发展的知识及正确的教育态度,以使其扮演称职父母的教育过程,是对父母进行的如何成为一个合格、称职的好父母的专门化教育。简而言之,亲职教育就是"怎样为人父母"的教育,使为人父母者明了如何尽父母职责的教育。

亲职教育认为家庭教育是相互影响的过程,父母在教育孩子的同时也在实现自我教育、自我成长。心理学家提出的家庭教育口号是"先要改变父母",即家庭教育先要教父母。当你收获的是"歪瓜苦果"时,千万别怪孩子,而要检讨你自己,因为孩子是你的一面镜子,他不仅相貌像你,他的学习习惯、思想性格、为人处世也像你。

研究显示,亲职教育与家庭教育水平成正相关。亲职教育被称为家庭教育的主导教育,它涵盖了父母的自身教育与父母对子女教育两大范畴的教育内容,是立足于亲子关系基础上的对父母实施的家长职能与本分的教育。

亲职教育的核心,是对父母进行的如何成为合格称职父母的专门化教育。这与通常我们所说的"亲子教育"有所区别。亲子教育是以爱护婴幼儿身心健康和开发婴幼儿潜能为目标的早期教育,亲子教育是阶段性的,亲职教育却是"终身制"的。

在家庭的每一个阶段,亲子关系面临的挑战不同,亲职教育的水平要求亦不同。随着社会的发展,家长常处于焦虑与矛盾之中,既想依恋传统又想追求新潮,对此,只有接受亲职教育,以便明了追新求异并非丢掉传统,而只是学会因时空改变需求也应作出调整。当今许多家庭教育的困惑迫切需要亲职教育的推行,真正从根本上提升家长的亲职教育素质,这也是当前我国推行素质教育中的一个重要课题。

亲职教育作为如何为人父母的教育,包括如下三个方面:其一,指导现代父母扮演称职的父母角色,使他们明确如何尽到父母的职责;其二,为父母提供调整亲子关系的具体策略,改善父母教育过程中的不当态度与行为;其三,唤醒或指导未婚男女,提早做好为人父母的准备。因此,从某种意义上讲,亲职教育称得上是初为人父母者的"启蒙"教育。

国内常常会将"亲职教育"与"亲子教育"相提并论。其实,"亲子教育"仅是"亲职教育"在策略方法上的具体应用,它更强调父母在与孩子"亲子互动"过程中,了解孩子成长的秘密,认识儿童不同于成年人的身心发展规律,掌握孩子所特有的言行、思维、情感方式,获得与孩子相处并打交道的特殊技能、技巧,让孩子喜欢与其接近,并能有效地对孩子的健康、幸福产生影响。

亲职教育指导亲子关系的秘诀

(1)没有两个人是一样的。不要求孩子跟着自己的思维走,要让他有"自我"。

(2)一个人不能控制另一个人。没有"教",只有"学"。

(3)沟通的意义决定于对方的回应。自己说什么不重要,对方听到什么才重要。关键看孩子收到的讯息。改变说的方法,才有机会改变听的效果。

(4)孩子是跟随父母的行为和情绪而学习,学习不是来自父母的指令。孩子是父母行为的"影子"。

(5)所有行为必有其正面动机,每一个人都为满足自己的一些需要而做事。只不过是孩子不懂得也不能说出来。

(6)有更好的方法,每个人定会追随。每一个人都会选择能给自己带来最佳利益的行为。孩子其实也一样,只是不懂得解释。

(7)凡事总有至少三个解决方法。至今不成功,说明方法未达到预期效果。对孩子必须坚持效果,而不是方法。相信还有未知的有效办法,找到它,使孩子改变。

(8)成长的过程是一个学习的过程。孩子遭遇的或所做的每件事,对他将来都可能会有所影响。孩子要不断尝试新的方法,才知道哪一个是最好的。孩子对生活充满好奇,通过学习可以掌握更多生活知识。

(9)应该帮助孩子成长而不是替代孩子成长。任何替代孩子的企图都会在孩子身上产生负面效应。父母代孩子做他们自己该做的事,不会得到孩子的尊重。爱依赖的孩子会对父母抱怨和挑剔。鼓励、引导孩子做自己的事是最有效帮助孩子成长的方法,可以培养积极的态度、自律、自发性。

(10)"爱"不可以作为筹码。父母之爱是孩子在成长过程中信心与活力的源泉。如果父母开出条件把爱作为筹码,孩子也会把他对父母的爱作为筹码,最终导致亲子关系破碎。

亲职教育作为孩子成才的关键,是随着社会经济的发展,人们生活水平的不断提高,对孩子的教育越来越重视,希望以此来改变家庭的生活质量而日益受到重视。亲职教育涉及优生学、生理学、卫生学、营养学、心理学、教育学、人才学、伦理学、社会学等。其实,孩子没有好坏,只有进步的快慢。关键在于我们做父母的应"顺其成长,适性教育"。

那么如何"顺其成长",进行"适性教育"?关键在于我们应把孩子当成有独立人格的个体来对待,教育孩子首先应尊重孩子,给予孩子必要的指导,让孩子保持心情愉悦,给孩子宽松的、无压力的氛围,不会因选择做某事而受惩罚,因为这会影响孩子自信心的建立。

"适性教育"强调给孩子一个良好的环境,比逼迫他去做事还有效。明代哲学家王阳明把儿童比作"草木",认为顺应其本性儿童才有可能舒畅地成长;违背其天性,就会对儿童的发展造成阻碍甚至破坏。他说:"大抵童子之情,乐嬉游而惮拘检,如草木之始萌芽,舒畅之则条达,摧挠之则衰痿。今教童子,必使其趋向鼓舞,中心喜悦,则其进自不能已。譬之时雨春风,沾被卉木,莫不萌动发越,自然日长月化。若冰霜剥落,则生意萧索,日就枯槁矣。"王阳明用草木始萌、舒达、发越的自然生性,与童子"乐嬉游而惮拘检"的天性相类比,揭示出儿童身心发展的特点和规律。

当前,实施亲职教育的重点是家长通过"在岗"培训,改变自身的行为角色,转变自己的教育理念、人才观念。现实生活中,中国家长一边在生活上相对疼爱自己的孩子,一边又会更加"催逼"孩子成长。在这一方面,西方家长则不一样。这与中西方家庭不同代际传递的文化有关。中国的代际关系是"反哺模式",西方则多为"接力模式"。前者对子女几乎是无限责任,所以会出现"啃老族"现象;而在西方个体主义文化影响下,成年子女就算是与父母同住,也会被视为缺乏独立生存能力的表现。中国家长受"木桶理论"影响太深,总想着给孩子去补最短的一块。其实,很多发生在孩子身上的问题,根子却在父母身上。

2017年,UC大数据发布了国内首份《中国妈妈"焦虑指数"报告》,报告通过网络大数据分析,排列出国内各个城市的妈妈焦虑指数。结果显示,焦虑指数最高的十大城市全部是属于一二线城市。这从一个侧面说明,生活在大城市的母亲应该是亲职教育的重点对象。

通过对有关"家长参与""家校合作"的课题跟踪,我们发现家长对儿童成长的关注力度以及时间、精力投入,是儿童成长过程中至关重要的社会资本。拥有高质量亲子关系的儿童,通常会表现出较高的社会技能和较少的问题行为。而造成孩子教育差异的原因,首先不在于学校物质和师资的差异,而是由家长参与孩子教育的程度高低等因素导致的。

好在越来越多的中国家长开始更多关注孩子的行为习惯与人格培养。2016年上海社会科学院青少年研究所完成的一项问卷调查显示,在最看重的品质中,家长首选责任感。与此同时,越来越多的年轻父母开始关注如何让孩子真正为兴趣而学习、为自己而学习。这种育儿观念的改变,是令人喜悦和欣慰的。

2. 子职教育——今天如何做孩子

家庭结构三角关系对应的第二条边是"子职教育"。子女与父母的关系是人伦亲情中最基础、最重要也最复杂的亲情。2016年,习近平主席在会见第一届全国文明家庭代表时强调:"广大家庭都要重言传、重身教,教知识、育品德,身体力行、耳濡目染,帮助孩子扣好人生的第一粒扣子,迈好人生的第一个台阶。""扣好人生的第一粒扣子",对我们今天如何实施子职教育作了非常准确、形象的解释。

确实,衣服的扣子扣错了可以重来,而人生第一粒扣子如果扣错了,要想纠正将会相当困难。一旦错误的观念形成了,要想改变它,需花费很大的力气。古人讲"入门须正,立志须高",意即要帮助孩子走好人生开始的几步。

每个人一出生,就意味着开始脱离母体,成为独立的人,成为有"别"于父母的人。孩子的成长,最终要依靠他自己的基本素质。最贴切的比喻,就是教子如种树,父母要在孩子的"根"上下功夫,而不要整天想着子女应该开什么花,结什么果。古人所说的"拔苗助长"非常形象地说明了急于求成、本末倒置的不明智做法。这个成语大家都熟悉,但是事到临头,自己教育子女的时候,就不由自主地功利起来了。

孩子不是属于父母的,而是属于孩子自己的,父母有抚养和教育的义务,而没有管制和强迫的权力,如《老子》所说的"生而不有,为而不恃,长而不宰"。有的父母可能会说,孩子是我的骨肉,我们做父母的辛苦地拉扯孩子,教育孩子,孩子怎么不是我的呢?其实,再渊博的父母,也代替不了图书馆;再富有的父母,也不是摇钱树。你最终能给孩子多少具体的知识和物质享受?所以不能认为作为父母,就可以理所应当地对孩子发号施令,不能把父母的意愿强加给孩子。

如果你的孩子在成长中从你的家庭教育中获得了健全的人格,能够独立解决困难,自信面对挑战,自觉远离恶习,主动承担责任,热情投入生活,友好看待他人——总之,成了一个素质过硬的人,成了一个不用你操心,能为社会做出贡献,实现个人理想的人,那才是功德无量的事情。

依据家庭生命历程的理论,个人与家庭的关系会随着时间的推移而发展和变化,且发展的过程与变化会受社会与历史情境的影响。随着孩子的成长与发展,父母也在不断地变化与发展,亲子关系也会有所改变。父母与孩子对彼此的付出与协助会随着生命历程的变化而有所变化。例如,随着父母的年龄越来越大,能提供给子女的协助与资源会逐渐减少,相对地,子女提供给父母的帮助会逐渐增多,尤其在父母超过70岁之后,成年子女提供给年长父母的照顾与支援会更多。

不同的族群文化还会使用不同的价值标准来规范子女应扮演的角色,这些标准的取舍在于家庭所处的社会文化环境有其伦理准则,其所认定的子女职责的内涵,可能因不同的文化环境有相异之处,对子女职责的认知与解释也会有所不同。在中国社会中,与子女职责相似的概念是孝道。不过,子女职责呈现的是孩子对父母所能尽到的责任部分,而孝道包含对子女更高标准的要求,尽到子女的职责应是尽孝道的一部分。

心理学家发现,孩子在10岁之前是对父母的崇拜期,10—20岁是对父母的轻视期,20—30岁又变为对父母的理解期,30—40岁则是对父母的深爱期,直到40—50岁他们才真正了解自己的父母。可见,10—20岁是代际冲突最为激烈的时期,在这一时期,孩子最重要的心理现象是"自我意识"的强化。他们渴望独立,又屡屡失败,常以苛刻甚至挑衅的目光审视父母和社会。造成父母与孩子代际隔阂的原因,一是两代人的心理发展水平存在差距,二是两代人的知识、生活经验以及对新技术适应能力存在差距。

子职教育,往通俗里讲,就是探讨子女作为孩子应尽的职责与义务,做好自己的本分工作。过去我们一谈到家庭教育,那全是父母的职责。其实,在家庭三角关系中,有一角就是让孩子了解、学习他们作为孩子应尽的职责。孩子应尽的职责是什么？我个人认为：一是学习对自己的学业负责，二是学习对自己的言语、行为负责。

具体说来，子职教育就是要让孩子学习做到以下这些：

第一，孝敬父母。父母对子女的爱浓烈无私、源自天性，而子女对父母的爱则是一个需要不断培养、不断锤炼的过程。这种孝敬之心是无比重要的，因为它是道德的基础。一个人倘若连自己的父母都不爱，更遑论会真正爱护他人了。

当然，孝心并不意味着一味顺从，而应体现在细微之处。比如，在平时，主动帮助父母做些家务；父母身体不适时，陪伴父母，协助照顾看护；提醒父母保持有规律的饮食起居。同时，主动与父母沟通；问候父母，关心父母身体健康，增进父母彼此的感情，让父母开心，当父母心情不好时，学会安慰父母；主动关心父母的生活状况，让父母感受到他们对自己的重要性。外出后，应与父母保持联络，让父母安心，让父母知道自己的联络方式；让父母知道自己的交友状况；外出时不应从事危险的活动而让父母担心；如果晚归，应主动打电话向父母报平安。此外，如有重大事件，要主动告诉父母，并与父母讨论解决问题的办法；让父母能够清楚了解自己的状况，不至于担忧。

具体策略上，可通过对儿童进行"爱父母的教育"来实施。操作中应关注：让儿童体验父母在教养他们成长的过程中所付出的爱与辛苦，并心怀感激；让儿童感知父母身上的优秀品质和对社会的贡献，并为此感到自豪，愿意模仿；让儿童知道父母也是需要爱、关心和帮助的,相信自己有能力给父母爱、关心和帮助;以及让儿童学习关注、感知父母的需求,学习主动帮助父母,并从关爱父母的行动中得到鼓励和成功。

总而言之,子职教育首先应进行"爱父母的教育",然后是"如何学做人的教育"。也就是说,要教育孩子从小尊敬师长、对父母有感恩之心。当然,父母也要多倾听孩子的心声。

让我们来听听一位初一女学生写给她妈妈的14条建议:(1)我需要帮助,同时也需要独立。(2)为了成长,请允许我犯一些错误,让我在成长中学会如何生活。(3)请不要强迫我按照你的模式生活。(4)请自觉保护我的自尊心和隐私权。(5)如果你想成为我的朋友,那就得放下你家长的架子。(6)宠了我就别说把我宠坏了。(7)请不要拿我当出气筒。(8)不要把简单的事情复杂化,不要把过去的错误扩大化。(9)多一些建议,少一些命令。(10)请不要第101次告诉我,某件事情该怎么做。(11)我不仅学习你告诉我的东西,还会学习你身上表现出来的东西,包括你的坏习惯。(12)我不仅需要你爱我,还需要你理解我。(13)即使你能替我做所有的事,但还是请你把有些事留给我自己做。(14)因为我是菊花,所以请别让我在夏天开放;因为我是白杨,所以请别指望从我身上摘下松子。

第二,遵守规则,健康成人。婴幼儿有以自我为中心的思维特点,如果一切都顺应他的本性,会使其出现为所欲为的倾向。孩子长大后产生的许多不良行为习惯,如好动、不服管教、攻击性强,实际上与父母过度顺应他的自由需要有关。自由过度就是放任纵容，对培养孩子的社会性和责任心是不利的。

反过来，规束过度又可能导致孩子缺乏个性。有的父母认为，听话的孩子让人省心，不会惹出什么麻烦事来。这种观念多表现在控制欲望较强的父母身上。其实，长期生活在这种环境中的孩子，做事和思维的依赖性比较强，害怕尝试新事物，调整情绪变化的灵活性也较弱。这将影响到他们的创新意识与个性成长。

因此，子职教育在教育、引导策略上要把握好紧与松的度。没有规则的自由是放任，没有自由的规则是遏制，都是子职教育不得法的表现。理想的状况是把握好规则与自由的张力，使孩子既有自律性又有创新性。

第三，做"有教养"的人。德国图宾根大学哲学系教授赫费（Otfried Höffe）曾写过对中国学生评价的文章。他认为，中国大学本科生已具备一定规模，他们会成为具有教养、进取精神和时尚意识的群体。确实，走在上海静安寺、淮海路或者地铁里，无论是80后的年轻父母，还是毕业没多久的90后，或是仍在校园里的00后，他们的时尚、自信随处可见。但要使他们真正成为有教养的人，还需要长期的努力。

这里需要特别指出的是，中国传统文化非常讲究家风、家传、家训。这些家庭规则对于维持家庭结构的稳定起着十分重要的作用，其中的精华之处值得进一步挖掘和弘扬。

20条适合子职教育的建议

(1) 让孩子和您一起从事体力劳动,体会劳动的艰辛和收获。

(2) 和孩子一起看电视,要少看电视剧,多看新闻、评新闻,要孩子志存高远,和孩子一起关心国内外大事。

(3) 和孩子一起娱乐,如下棋、打牌等,在玩的过程中拉家常。

(4) 控制孩子花钱,注意节俭,让孩子学会理财。

(5) 以身作则,不赌博、不吸烟、不酗酒。

(6) 加强自身学习,提高教育管理孩子的水平和方法。

(7) 关心孩子的全面发展,关心孩子的学习成绩,但不以成绩论英雄。

(8) 平等对待孩子,不要训斥孩子,注意说话的语气、方式,态度不能粗暴,语言不能过激。

(9) 拿出时间多和孩子在一起,不要借口工作忙对孩子不管不问。

(10) 多和老师联系,特别是多和班主任联系,及时交流、沟通孩子的情况,要与老师坦诚相待,保持一致,形成教育的合力,实现共同教育孩子的目的。

(11) 全面而准确地评估自己的孩子。这种评估不能过高,也不可过低。

(12) 多给孩子一点信心,做孩子成长的强有力的后盾。

(13) 教育孩子遵守纪律,教孩子为人处世的原则方法和技巧。

（14）不娇惯孩子，学会对孩子说"不"。

（15）教育孩子要光明正大，诚实做人；要胸怀大度、心胸宽广，不斤斤计较；要遇事冷静、多做自我批评、互谅互让，不意气用事，不盲目冲动。

（16）不要让孩子拉帮结派，不进入网吧，不涉猎电子游戏。

（17）不要让孩子带手机到学校。

（18）教育孩子要注意仪表，穿着要符合学生身份，不要追求所谓时尚，比如穿奇装异服、佩戴首饰、蓄留怪异发型、染发、烫发、化妆等。

（19）对孩子的"早恋"问题要加以引导，并及时制止，加强对孩子的青春期知识的教育，使其正确对待与异性的交往。

（20）营造良好的家庭文化氛围和家庭心理环境，如房间内放置地球仪或艺术品、挂名言字画、保藏部分优秀图书报刊等，可以使孩子有良好的文化教养，父母的语言、形象、处事态度都会被子女效仿。

3. 配偶教育——今天如何做夫妻

家庭结构三角关系对应的第三条边是"配偶教育"。时下，越来越多的人开始重视配偶教育。这是因为大家开始理解夫妻关系的好坏决定着家庭氛围的好坏，这对成长中的儿童至关重要。

父母是孩子生命中的第一任老师,也是最关注孩子的亲人。研究显示,父母关系和言谈举止对于处于模仿性最强的幼儿影响很大。一般来说,生长在父母关系和谐的家庭环境里,孩子能够发展出较理想的自主成熟人格。相反,生活在父母经常争吵的家庭氛围中,孩子就会欠缺安全感,而且容易吸收父母的焦虑情绪,从而影响人格的完善。

在健康、正常的家庭关系中,妈妈是情感的代表,爸爸是理性的代表,孩子靠情感来滋养内在的生命,靠理性来发展外在的世界,且二者必须同步进行。这样的序位才会让孩子真正有安全感并感受到被重视。

关于夫妻关系,有很多种类型,例如,有相互依赖型,像"∧",互相靠在一起;有单纯依赖型,像"/|",一方很强,另外一方则完全依赖对方;有相互排斥型,像"\ /",无论如何不能相互合作;有了小孩的夫妇,关系更复杂,如在独生子女家庭,最常见的是"/∧\"型,将小孩捧为上帝,再以小孩为相互依赖的基础。但真正健康的夫妻关系,是两个独立而又相爱的人格,是"||"型。

在一个正常的家庭中,理应夫妻关系是第一位的,其次才是孩子和妈妈、孩子和爸爸的关系。这可以形象地描绘成以下状态:夫妻俩手拉手,孩子站在父母的前面中间位置,因为小朋友要受到爸爸妈妈的呵护才有安全感。

然而,现实生活中不少夫妻关系和家庭关系是有问题的,其中由家庭关系的无序引发的主要有两种情况。

一种情况是:如果爸爸很喜欢女儿的话,家庭关系就变成爸爸拉着女儿的手，妈妈站在父女的后面。在这种关系中，女儿就代替妈妈成了爸爸的心灵伴侣。无形之中，漫长的岁月里，这样的关系对孩子会有一种沉重的生命压力。因为女儿从小就会觉得，她必须代替妈妈承受爸爸生命中的一部分。等她长大以后，她也永远没有办法来正常面对她的爸爸。因为她觉得她有责任使爸爸幸福，她代替了妈妈的位置。由于她代替了妈妈的位置，她就把妈妈的责任背在了自己的肩上。

另一种情况是：妈妈跟孩子手拉手，爸爸站在后面。这种情况下，孩子(通常是儿子)就代替爸爸成了妈妈的心灵伴侣。这个孩子就会被压得喘不过气来。因为，妈妈从心理上会把一切依赖于他，"我跟你相依为命"。这样，孩子就成为妈妈的"丈夫"，妈妈的幸福就由孩子负责了。这就是家庭关系的"乱伦"，这里说的"乱伦"绝不是因为身体上的问题，而实际指的是家庭秩序的混乱。这种混乱导致夫妻其中一方被排除到家庭的归属之外。这就会带来家庭的不稳定、关系的纠葛以及同外在关系的问题，同时也会给孩子未来的婚姻带来隐患。

以上两种情况下，孩子会有安全感吗？孩子不会觉得他受到了重视，他甚至会以为这一切都是他的错，是他导致了爸爸这样，是他导致了妈妈那样。

如果你想让你的孩子状态很好的话，家庭的序位排列非常重要。孩子是承受不了做父母心灵伴侣的责任的，他需要在完全的关爱中成长，而不需要有负担，他必须把他所有的生命能量都放在自我成长和自我建构上。

所以说，家庭关系中第一位是夫妻关系，其次才是孩子和妈妈、孩子和爸爸之间的关系。对此,需要在具体实践中探索、发现夫妻之间的相处之道,即所谓的配偶教育。

配偶教育更多不是发生于组建家庭之初,而是在新生命诞生后。新生婴儿的加入会给原本平静的小家庭生活增添快乐,同时也会让小夫妻遭遇许多新困扰和羁绊。夫妻生活从此将以这个新生命为重心,生活作息也从此大为不同。这时候,不少小家庭迎接新生婴儿的喜悦,可能很快转变为无止境的争吵,尤其在如何喂养、教育孩子的问题上,备受期待的孩子却往往变成争议的焦点。

因此,我经常会对刚成家的年轻夫妇讲:你准备好了吗?如果你想生孩子,你就不能"退货"。理由很简单,我们为人父母所做的就是一种有关生命的工作,我们面对的是一个活生生的人,这是最重要的,无论你面对的是什么样的孩子,你都没办法反悔或者"退货"。你只能接纳,你不能更换,也难于调整,你只能去面对。其实去面对就是一种责任,选择做父母就意味着选择了人生最重要的投入。

当父母就是一日为父,终身为父,一日为母,终身为母。你一辈子就是这个孩子的父亲,一辈子就是这个孩子的母亲。同时还可以说,一日为父为母,也是终身为师,也就是你成了这个孩子的父亲或母亲,你就一辈子对他有伦理和道义上的责任:孩子小的时候,你要疼爱他、抚育他、帮助他、扶持他;孩子大了以后,你还要关心他、帮助他,包括对他的担心。

刚有了孩子的小家庭,常常会产生两种冲突:一是价值观的冲突,虽然教育的目的看起来是一致的,方法却各自不同,因此在如何教育孩子的问题上，双亲互动最多、交流最多、冲突也最多；二是情感冲突，比如孩子更向着谁，更听谁的话，更维护谁的利益，处在劣势中的那一方，会有较多的抱怨。这两种冲突，前者是家庭意识层面的碰撞，后者是家庭感觉层面的较量。

父母因教育孩子引发的冲突，往往是两种家庭文化是否能在孩子身上延续的较量。每个人都在一个特定的家庭中长大，家庭文化会像基因一样通过分离、配对、重组植根于我们各自的意识深层，影响着我们的内在感觉和我们的价值判断。父母亲总是一厢情愿地、不自觉地、孜孜不倦地甚至百折不挠地把内心认为好的东西强加给孩子，希望从孩子身上看到"好"的回应，来满足他们内心对价值的期待。

心理学认为，父母容易从孩子身上看到的"问题"，可能正好是父母早年未解决好的情结，甚至可能是几代人也没有解决好的家庭意识遗留。研究父母如何通过从孩子身上"发现"问题，使家族的"文化意识"得以代代留存，或者研究代际成员间期望压力的传递模式与前辈的"债务"如何经由后代偿还，是家庭治疗最关心的事，因为这恰好是家庭问题的症结所在。所以，我们常常会问"孩子的问题是谁最先发现的"，或"谁最在意孩子的改变"。

因此，婚姻中父母年龄有差别不是问题，根本问题是关系，父母的关系越融洽、稳定，越有利于孩子的成长；父母的关系越糟糕，越不利于孩子的成长。父母的关系是影响孩子成长的极为重要的因素。下面是有关配偶教育的几点忠告与技巧：

第一，重新寻求不同标杆。随着新生婴儿加入小家庭，两人世界变成了三人世界，夫妻二人从单纯的配偶关系转为双亲关系，夫妻双方之间角色的重新定位是不容忽视的。

我们通常会看到，在有了孩子后，妻子需要全心全意投入到照顾孩子的工作中，以至于忙得筋疲力尽，再无暇多花一点心力在夫妻两人身上，丈夫的地位无形中似乎降低了一级，丈夫容易觉得被排挤，忌妒心也因此产生。

其实，孩子的诞生对夫妻来说是一项严峻的考验，夫妻之间必须重新调整彼此的互动关系，在这一方面是没有特效药的。夫妻彼此都需要花很多的时间来进行沟通，互相倾听对方的意见，试着找出自己的平衡点，重新寻求生活的重心，别忘了夫妻感情的维系乃是维护家庭的基础。尤其是做妻子的，不能一味地沉浸在小宝宝的世界里，偶尔小两口也要相约到外头透透气，上个馆子，像初恋时一样约会，暂时把宝宝交给可信赖的人照顾。

第二，夫妻不是竞争对手，而是合作伙伴。具体到诸如对孩子如何教养的看法，跟夫妻本身受到的教育大有关联。夫妻若对某件事彼此有完全不同的看法，且无法沟通、讨论，那一触即发的争吵就难以避免了。因为各自都觉得自己从小所受的家教才是最正确的教养方式，很难轻易容许他人对自己双亲的教育方式提出质疑。

要破解夫妻教养问题上的矛盾，首先要明确：夫妻是合作伙伴，就像一个小团队，要使小团队发展良好，需要不断地沟通，不断地协调，不断地整合。一旦夫妻之间的争执有沟通的空间，夫妻彼此应该面对面地将事情摊开来讨论，共同经营双亲的角色，寻求双方都认同的最佳教育方式，由此，孩子成长伴随而来的教养问题才能迎刃而解。

夫妻有矛盾，在孩子面前不要大声争吵。不只是亲子沟通，事实上，父母亲之间的沟通方式也会对孩子产生很大的影响。夫妻间当发生矛盾时，应该用平静、理性的方式来讨论，如果遇到一些适合孩子讨论的话题，也可让孩子加入讨论："爸爸认为该这么做，妈妈认为该那么做，那你觉得应该怎么做比较好呢？"如果一时做不到夫妻间心平气和地讨论，那就请切记，大声地争吵一定要避开孩子，别让孩子感觉到父母之间相互憎恨。

第三，用点幽默感平息纷争。接受对方差异，把它视为夫妻关系和对孩子教育的互补。同时，找出满足双方的折中点。比方说："我完全能够理解你不赞成和宝宝一起睡，然而在我哺乳的这段时间我大概不得不将宝宝留在身旁，所以你看看是否可以把宝宝的小床摆在我们的床边？"

第四，面对矛盾，不要用错误的应对态度。比如用责备的口吻揭开话题（"你没做到，让我很生气，你说你要……"），此种开场白只会引发另一场口角。还有摆出竞争的态度："没什么了不起，你做的那点事，我每天不知道要做多少回。"夫妻是个利益共同体，彼此应该提供自己的见解，发挥自己的才能，而不是互相竞争。不要使对方陷入无法胜任的窘境（如"那你就自己一个人给宝宝洗个澡，给我看看"）。存心刁难的态度绝对不是缓和矛盾、建立相互谅解的良好关系的开端。

因此，即使再相爱的夫妻，婚后特别是有了孩子后，也会有争吵的时候。因为人无完人，也没有性格完全相同的两个人，争吵绝对是有损婚姻的坏事，很多夫妻经常争吵，一气之下结束婚姻的也不少。那么，如何尽量避免吵架呢？

一天 24 小时，谁知道自己的爱人会在哪些时间情绪低落？瑞典学者的一项研究为我们提供了参考：每天有 1440 分钟，其中最易引起夫妻争吵的有 8 分钟——早晨临出门上班的 4 分钟与下班回到家的 4 分钟。这两个时间段往往是人身心最疲惫的时刻。早上，我们被闹钟吵醒了，离开温暖的被窝，总感觉不够睡，临上班前我们常常心中充满了对忙碌一天的沮丧；下班后，我们筋疲力尽地回到家，窝在沙发里也很难将一天的情绪抛在脑后。在这两个时间段，伴侣若提出一个问题，自己也许会没好气地回答，一场争执就在所难免了。其实，上班前和下班后，可以给爱人一个简单的问候或祝福，一句饱含深情的"我爱你"也有助于平复对方情绪上的波动，避免争吵。

我有一对夫妻朋友，他们总结了每次吵架的经验，拟出了以下 9 条吵架公约：

（1）吵架不得当着父母、亲戚、邻居、朋友的面。在公共场所一般不能吵，确实需要吵时，要注意给对方留面子。

（2）不管谁对谁错，只要一吵架，男方必须先哄女方，力求让女方冷静下来。否则，一旦造成严重后果，全部由男方负责。

（3）在家里吵架不准一走了之，实在要走，不得走出小区，不允许不带手机，更不得关机。

（4）吵架是夫妻两人之间的事情，不能涉及第三方。特别应注意尊敬对方的祖宗、父母及其他长辈。吵架不开心，也不能对对方父母无礼。

（5）有错一方要主动道歉，无错一方在有错方道歉并补偿后，要在最短的时间内原谅对方。

（6）双方都有错时要互相检讨，认识到错误并道歉后由男方主动提出带女方出去散心。

（7）要出气不准砸东西，只能吃东西，实在手痒只能砸枕头或者砸床。

（8）吵架不隔夜。晚上睡觉时，男方必须主动拥抱女方。若遇女方生气推辞，男方也不能就此放弃，一定要哄到女方睡着，做上美梦为止。

（9）在电话里吵架时，男方不准先挂电话，如果不小心先挂断了，要马上打回去，并表示歉意；如果女方先挂断了电话，男方必须在一分钟内打给女方。总之，不能气馁，须屡挂屡打。但是，女方也要给男方面子，生气挂电话次数不得超过三次。

这几条公约虽然是女方写的，但是相信大部分有气度的男同胞也是可以做到的。在有了这几条公约后，他们夫妻感情比以前好多了，也很少吵架了。其实夫妻相处在于"和"，所谓家和万事兴，夫妻之间不会有什么深仇大恨，只要相互体谅，多为对方着想，相信爱情也会长久的。

总之，夫妻关系这一大环境对孩子的成长非常重要，一个男人如果不尊重他的妻子，那么，他的儿子也许就学会了在学校不尊重女同学；一个女人如果不尊重她的丈夫，那么，她的女儿就学会了在学校瞧不起她的男同学。正如美国教育学家多萝西·洛·诺尔特（Dorothy Law Nolte）所说，如果儿童生活在鼓励的环境中，他就学会了自信；如果儿童生活在公平的环境中，他就学会了正义；如果儿童生活在安全的环境中，他就学会了信任他人；如果儿童生活在赞许的环境中，他就学会了自爱。

综上，父母怀有对孩子一生的责任。这个责任从孩子孕育伊始就一直存在，为人父母大概是世界上唯一不可退休、难以找人替代的工作。而家庭教育是一个日积月累的渐进过程，它是一种艺术，而不是一种技术，也就是说不能像设计产品那样，按照一定的配方教育孩子，然后可以料定孩子的未来。孩子是活生生的，社会是变动不居的，家庭教育实际上是处于动态之中的。家庭教育虽然没有什么秘密可言，但有些家长希望获得一劳永逸的"灵丹妙药"，却是不切实际的想法。

四

有机教育的"四项基本原则"

有 机　让孩子幸福的教育
教 育　● ● ● ● ○ ○ ○ ○

1. 顺应儿童自然发展

我们说,儿童的世界是一个具有他们个人兴趣的人的世界,而不是一个事实和规律的世界。儿童世界的主要特征,不是什么与外界事物相符合这个意义上的真理,而是感情和同情。儿童的兴趣很广泛,他们有交谈、探究、制作方面的兴趣和艺术表现的兴趣。教育必须尊重和利用这一特征。儿童的经验不是一成不变的东西,是正在形成中的、有生命力的东西。教育必须扶持和滋养它,应注重内因对儿童发展的重要作用,重视儿童的天赋秉性,强调教育要顺应儿童身心的自然发展。综合有关儿童发展的各种思想、观点,比较主流的观点认为,正确的儿童发展观应包括下述基本内容:

第一,儿童的发展是以个体的生物遗传素质为基础的。个体的生物遗传素质,指的是儿童个体从亲代的遗传基因中得到的、同时具有人类和个体特性的生物机体因素。遗传素质只是为儿童的发展提供了一种潜在的可能性,因为,一方面遗传素质所具有的发展能力,并不会确定地转变为儿童发展的现实;另一方面,遗传素质转变为发展现实的过程,也并不是一种完全取决于外在影响性质的过程,遗传素质自身具有蕴含着生物特点的自身演变规律。外界刺激并不能改变儿童机体的成熟规律,恰恰相反,只有那些顺应了儿童发展规律、可以与儿童自我调节机制产生相互作用的外在刺激,才能在儿童的发展过程中起作用。所以,旨在引导儿童发展的教育活动,就必须把尊重儿童发展的规律作为教育实践的重要原则。

第二,儿童的发展蕴含于儿童主体的活动之中。儿童的发展既不是一种先天存在于儿童机体内等待发现和发掘的结构或功能,也不仅仅是完全由外在环境刺激的性质所决定的一种反应模式。儿童的发展,是作为一个生物和社会个体的儿童运用自我调节机制的活动结果,也就是说,儿童主体的活动是儿童发展的源泉。这里我们所说的儿童主体活动,是儿童依据自我调节的能力水平,对与自己有关系、有意义的内外刺激进行反应的过程。在这一反应过程中,主体原有的发展水平和主体赋予外界刺激的意义,是制约主体活动的关键性因素。强调这一点,是为了避免把儿童所参与的外在于儿童的客观活动过程看作儿童发展的根源。事实上,这种外在活动只是刺激的形式,儿童与这种刺激形式的相互作用过程,才是儿童主体的活动。

第三,实现发展是儿童的权利。我们说实现发展是儿童的权利,是因为作为一个生命体成长是内在于生命之中的特征。作为一个社会成员,社会生活的性质、社会所赋予他的种种责任和义务,需要他在生命的成长过程中获得并展现社会文化。正是从这种角度而言,我们应该承认儿童有权获得发展,儿童的发展也与他自身利益相关联。获得发展是儿童的权利,这种观念在当代已经成为一种世界性的共识。1989年联合国大会通过的《儿童权利公约》明确地提出了儿童"发展的权利"问题和保障措施。这说明儿童发展的权利越来越受重视,也得到很多的支持,重要措施之一就是向他们提供教育机会。

概括地说,孩子来到这个世界上,尽管起初他什么都听不懂,但他要完整地发展这些能力,而且要靠他自己来发展这些能力。除非我们强制或者诱导,在这种强制和诱导之下,我们可能就把他塑造成了仅仅只有认知的人。孩子是有着独立思想、独立人格的人,而不是父母的私有财产,因此,在本质上孩子有获得尊重和平等的需要。如果我们无视孩子的这种需要,孩子自然就会疏远我们。

在生命的早期,儿童都是在建构生命的内在世界。而我们成人的注意力都在外在的世界,所以我们需要回到内在的世界去了解儿童。我认为这是儿童教育的核心点,我们必须了解这个生命里面发生了什么,只有这样我们才能走进儿童的世界,才能帮助他。我们只能是帮助我们的孩子,而不能扮演一个"自然之手"去造就孩子,爸爸妈妈的角色就是爱孩子,接纳孩子,看孩子需要什么,而不是做一个焦虑的、恐惧孩子未来无法生存的局外人。

如果孩子从小就受尊重,他便能懂得自尊,也会懂得怎样去尊重别人。那些对人彬彬有礼的孩子,肯定是在家里受到尊重的孩子,那些蛮不讲理、行为粗野的孩子,在家里一定得不到他人的尊重,甚至常常受到伤害。

美国一项调查表明,大多数有成就的人,他们的意志、兴趣、爱好、理想、性格等都同幼年时父母比较尊重他们的个性、发展他们的人性有直接关系,使他们从小富于好奇心、爱发问、敢于发表自己的见解,使其智力因素、非智力因素同步发展。美国哈佛大学教授加德纳(H. Gardner)在20世纪80年代就提出了"多元智能论"。他认为,人人都有七种智能,即语言智能、逻辑数学智能、空间智能、音乐智能、身体运动智能、人际智能及个人内在智能,其核心观点是:儿童有多种智能潜质。该理论揭示儿童教育失败的主要原因之一,就是把每一个儿童都当作完全相同的人来对待,并用统一的评价系统奖励和惩罚儿童,而正确的教育应适应每一个儿童的不同潜能,并鼓励他们发展各种能力。

细心的父母会发现,每个儿童在智能上都有他独特的表现:有的语言表达不好,但手工相当精巧;有的绘画水平差,但身体活动能力很强等。只要以他的智能为标准去评价他,我们就会发现,每个儿童都是美丽的,都是可以培养的。另外,父母要善于从多元智能论出发创造符合儿童个性的活动场景,让儿童在和谐、快乐的环境中度过每一天,如对有音乐智能的孩子,让其多参与音乐活动;对有空间智能的孩子,创设能使其产生想象、开展组合活动的氛围。即使在同一活动中,父母也可以根据儿童不同的智能特征让他们扮演不同的角色,展示各自的潜能。

著名教育家蒙台梭利(Maria Montessori)在《有吸收力的

心智》一书中写道：所有儿童天生具有一种"吸收性心智"（absorbent mind）文化能力，儿童的潜能是历代祖先生命的积淀与浓缩，儿童的潜能如同种子，只要有适宜的外部条件，它就会生根、发芽、长大。父母必须牢记：每一个儿童都是有潜在智能的儿童，只是每个人具有不同的智能结构或智能品质。俗话说"东边不亮西边亮"，只要父母努力发掘儿童的智能，他们就可能会成为未来的毕加索、牛顿（这些名人在小时候都曾被认为是智能低下的儿童）。

儿童精神潜意识化的意义在于它在儿童那里支撑起了一道保证其健康和谐成长的精神屏障。作为个体精神成长所不能超越的必经状态或历程，主体潜意识化赋予儿童独有的精神特质。正是潜意识化的力量驱动了儿童精神活动的感性化、直觉性、混沌性、性情化，并为儿童勾织出了一个充满诗性与隐喻的童话世界、梦想世界、游戏世界、生活世界、艺术世界。儿童的生命与成长便由此获得了免遭成人理性文化过早的和强压式的透支与侵扰，从而为儿童从自我主观精神走向自觉理性精神提供了有效的缓冲以及足够多的时间与机会。由此所延长了的不成熟期，恰是为儿童将来适应日趋复杂的成人生活提供了更为充足的学习机会和更加开放的发展可能。

无疑，儿童精神的主体潜意识化之于个体成长的意义或价值，是儿童教育必须尊重儿童的前提和依据。在教育上，尽管不能任由儿童性情与本能的为所欲为，但是不适当地一味以成人理性的标准和功利化的意志来苛求甚至堵压或抵制儿童潜意识里的需要或冲动一定是不明智的,因为它直接导致的后果是儿童本真天性的过早萎缩,从而使儿童丧失未来精神发展的种种可能与开阔空间。另外,越是年幼的儿童,其潜意识的力量越是居于支配性的地位,也就越应顺其天性。可以说,在尊重儿童的天性和顺应其潜意识化的精神特质的基础上,创设良好的活动情境、营造融洽的人际氛围,寓教育于儿童的生活、游戏、交往、探索等自主自发自愿的生命活动中,充分发挥隐性或潜在的教育影响,让儿童于无意识或不自觉的精神体验中接受一种性情化的陶冶和感化,应是儿童教育的基本策略。

2. 给予孩子合适的家庭教育

家庭教育指导是一种父母与孩子互动的双向活动,但父母仍是指导活动中的主体。如今的竞争实际上就是下一代的教育状况的竞争,而最根本的是父母的教育素质的竞争。美国教育家怀特(Burton L. White)在对儿童教育和追踪研究中指出:"家庭给予儿童的非正规教育,比之后正规教育制度对儿童总的发展所产生的影响还要大。如果一个家庭在孩子生活的早年向他提供基础稳固的启蒙教育,那么他将可能从以后的正规学校教育中得到最大的收益。"《三字经》中的"苟不教,性乃迁""养不教,父之过""玉不琢,不成器"等,所言也为此理。由此看,家庭是世界上最小的学校,是父母对子女进行教育的学校。父母是孩子的第一任和终身教师,又是这个学校的"校长",有至高无上的"权力",决定学校的一切大事,同时还是后勤人员,负责孩子的衣食住行,而学生只有一个——孩子。在家庭这个学校里,能否培养出高素质的人才,很大程度上取决于校长、教师——父母,因为父母在家庭教育中起主导作用。

父母的主导作用表现为:(1)父母决定着家庭教育的培养目标。父母的受教育程度、人才观、职业等都影响子女未来目标的选择。(2)父母决定着怎样对子女进行教育。父母的教育观念、知识和能力决定了对子女的态度和教育方式。(3)父母决定着家庭教育的内容。对子女进行什么样的教育,进行哪些方面的教育,是由父母的教育观念决定的。(4)父母决定着子女的教育投资。是否对子女进行教育投资,并不完全取决于家庭的经济基础,更取决于父母的教育观念。由于事实上时下家庭教育已被学校应试教育所"绑架",导致许多家庭片面强调知识与技能而割裂了其他情感教育,孩子几乎变成了分数机器。现在许多家庭,常能听到的一句话是:"只要把学习搞好,其他什么都不用管,这不是你该管的事。"这种观念支配下的父母,如何培养出一个懂得孝敬、遵守规矩、具有责任感的孩子?

一些父母在子女教育上不成功,尽管原因是多方面的,但不可否认的是与父母本身受教育不够、教育能力不强、自身素质不高、不懂儿童心理、育人不科学、不遵循教育规律等有关。治病治根,解决这个问题的唯一办法是父母要先受教育。"教育者先受教育"是一条普遍原则。父母作为子女的教育者,应当先受教育,获得教育子女的正确观念及教育思想、方法和知识,取得教育者的资格。这一资格的取得,犹如老师得先进师范学校学习,然后取得教师资格才能登台讲课一样重要。与西方国家相比,中国一些父母对孩子的教养方法有不少欠妥之处,大致可归纳为如下几点:

(1) 对孩子期望过高、管教过严。通常,父母都希望孩子能实现自己的未竟之志。有的孩子则为了迎合父母,努力做一个"优秀"的人而失去自我。

(2) 剥夺孩子的决定权。很多父母从孩子一出生,就开始替他作决定。那些因父母的替代而丧失的学习机会与能力,在孩子成人后是很难弥补的。

(3) 不相信孩子,不给孩子学习的机会。父母不相信孩子自己能管好自己,事事亲力亲为,导致孩子从根本上形成惰性,应变能力差。

(4) 从不表扬孩子。孩子取得一些成绩,父母为了让孩子戒骄戒躁,马上找一个缺点去抵消孩子的优点。这样不但打击了孩子的积极性,还打击了他的自信心,自卑自然会如影相随。

(5) 不会纵向比,只会横向比。总是有意无意地拿自己的孩子和别的孩子比较,"你看某某多好"是很多父母的口头禅。他们却不知拿孩子昨天的情况与今天的来比,孩子的自信由此被一点点地扼杀。

(6) 轻易许诺,但言而无信。为了让孩子达到自己的要求,父母总是给孩子承诺。孩子一旦发现父母对自己的承诺只不过是一种哄骗,在自己以后的人生道路上也会很难信守诺言。

(7) 限制孩子做他喜欢的事情。父母总说"这个不行""那个不行",孩子因为父母的种种限制,不会再去进行任何主动探索,只会按部就班。再想让孩子去创造,无疑是奢望。

(8) 忽略了孩子品格的培养。很多父母都单纯地追求孩子学习成绩的提高,而忽略了从小培养孩子健全的人格和处事的能力。

在家庭教育中,父母是主体,但不能"邯郸学步"。许多父母存在盲信盲从的现象,痴迷于所谓成功孩子的家教经验,实际上,这些经验往往听着容易,做起来难。有些父母由于"邯郸学步",结果适得其反。

谈到家教操作系统的重要性,人类到目前为止的各种思想理论,实际上分为两种,一种是理论本身,另一种是如何实践某一理论的理论。比如说诚实做人是一种理论,要使这一理论变成现实,就必须有一套怎样使人诚实的理论,否则人们很可能会陷入美妙的空谈之中。人类思想的丰富与发展,很大程度上取决于对后一种理论的探索与丰富。

要把好观念落实到教育自己的孩子身上并不容易,懂了,但不会做,是当前特别值得重视的一个问题。看一种观念或理论,首先要注意其有无"可转移性"。一位母亲曾向专家请教一个具体问题:"我的孩子喜欢撒谎,怎么办?"专家说:"孩子撒谎是由于思想压力所致,只要父母与孩子交朋友,他就会向你说心里话,孩子自然就不会撒谎了。"这位母亲听完后,觉得是这么回事,但回家一想,怎么缓解孩子的思想压力?怎样算交朋友?头脑又是一片空白。

对于父母亲来说,要将好观念转化成好技术,就要注意结合自己的实际进行选择和思考,适合的家庭教育,要善于把最有用的真东西提炼出来。所谓真东西,就是那些能说出一个一二三,又能从正反两个方面来理解的有效建议,如果只是一味地克隆、模仿,很容易"画虎不成反类犬"。

父母要想胜任家庭教育的主体,应从改变观念入手。人的一切行为乃至整个人的生活都是受观念支配的。人的观念决定着人对事物的态度,人的态度则决定着人的行为方式,而不同的方式则决定着人的办事效率和最终的效果。

不是父母期望孩子怎么样成长孩子就能怎么样成长,更不是父母要孩子成为怎么样的人孩子就能成为怎么样的人。孩子的成长是有其客观规律的。家庭教育必须遵循孩子成长的客观规律,对孩子实施理性、科学的教育,才能得到理想的效果。

相反,有许多事例表明,父母刻意按自己的期望和模式去要求孩子,孩子最终却偏偏向父母所期望的相反方向发展,其原因就在于父母违背了孩子成长发展的规律,盲目地、想当然地对孩子进行教育,失败就是必然的了。因此,适合你孩子的教育才是最好的教育。

父母错误的观念是对孩子期望值虚高。有些父母说:"我把孩子交给学校,学校就要还给我一个大学生,最好是清华、北大的。"孩子有没有可能进清华、北大？有可能。但是，每年进清华、北大的学生在全国来说是少数中的少数、精英中的精英。父母盲目要求所有孩子都成为精英，这是不现实的。

近些年，由于各种脑成像技术的进步，脑科学研究的知识更新可谓"日新月异"。脑科学研究获得了以下结论：(1) 在每一个人的脑内，存在着目前被称为"社会脑"的部分；(2) 人在幼儿期间有一个激活"社会脑"的时间窗口，错过这一段时间，可能导致自闭症的发生；(3) "社会脑"出现功能障碍，通常不伴随着智力障碍。但是，科学创造与情感生活密切相关。

以上结论意味着，在儿童早期教育中，"社会脑"的开发远比任何智力开发更重要。"社会脑"的主要脑区的特征是：(1) 分布在左脑和右脑的颞叶（颞上沟和颞极）、前额叶中腹部和侧背部、前额叶与颞极的相邻区域、颞叶与顶叶的交汇区域、岛叶、扣带回；(2) 语言脑区主要在左侧，"他心理论"脑区则主要在右侧；(3) 很可能由于前述的不对称性，导致分别负责社会认知与道德情感的左脑与右脑的不对称性——左脑通常与认知能力密切相关，而右脑通常与情感能力密切相关。

左脑与右脑的分工表明，真正的直觉，与符号能力密切相关，而符号能力的开发必须同时激活左脑和右脑。在这里要告诉年轻父母，如果你们真心希望孩子有高超的数学能力，那么，最重要的是培养孩子几何直观的能力，也就是符号能力的运用。培养数学"天才"，关键环节就在于培养孩子的符号能力，这需要同时激活左脑和右脑。也就是说，同时激活语言的、智力的、逻辑的左脑和情感的、社会的、道德的右脑才有可能出现"天才"。

因此，怎样正确确立对孩子的期望值是非常重要的，这也是家庭教育的第一步。父母要认真了解孩子，研究孩子，理性地给孩子树立合理的发展目标，可以适当高一点，但不要虚高，期望值超出孩子的承受能力有百害而无一利。父母不能把自己的一厢情愿强加给孩子，而是要鼓励孩子不断去努力，提倡学习改变命运，勤奋成就未来。

有的父母认为，孩子只要成绩好，什么都不干也可以。事实上，这样的孩子很可能学习也不好。原因在于孩子责任感的缺失。一个人如果没有责任感，学习肯定上不去；如果他各方面都涉猎，激发的则是更多的责任感。所以，对孩子的要求一定要全面，要特别注重从小培养孩子的品德和劳动习惯，而不仅仅关注他的学习。

孩子应该承担的责任，一定要让他承担起来，父母不能把所有责任都揽在自己身上。苏州一位教育专家的孩子小时候丢三落四，经常忘记带钥匙。一开始专家夫妻俩总把钥匙送到学校，但反复几次后，孩子仍出现同样的问题。于是，他们告诉孩子，从这次开始不给你送了，自己做的事情要学会自己承担责任。孩子吃过几次苦头之后学乖了，慢慢地就改掉了丢三落四的坏毛病。

很多父母希望世界上有一种方法能解决所有的家庭教育问题。事实上，每个家庭的孩子都是世界上唯一的，你是"这个"孩子的父亲或母亲，你的孩子和别人不一样，没有现成的方法可以采用。父母只能自己探索适合自己孩子的教育方法,谁也不能代替。

父母要善于变换方式,多动脑筋想办法,多倾听少唠叨。因为父母说得太多,时间长了孩子就会不爱说话。国外一个家庭主妇的小儿子总爱随地小便,这位聪明的妈妈想了个办法,她把很多彩色小画片放到冲水马桶里给孩子演示,看着画片随水流旋转而下,孩子觉得很有意思。于是,每次他都规规矩矩上完厕所后放一个画片,看这有意思的一幕。问题就此迎刃而解。

美国儿童心理学家、教育家海姆·G.吉诺特(Haim G. Ginott)归纳了不适宜教育孩子的 10 种语言,值得中国父母借鉴:

(1) 不宜恶言。不要说"傻瓜""没有用的家伙"等。

(2) 不宜侮蔑。不要说"你简直是废物"等。

(3) 不宜过分责备。不要说"你又做错事,真是坏透了"等。

(4) 不宜压抑。不要说"闭嘴""你怎么这样不听话"等。

(5) 不宜强迫。不要说"我说不行就不行"等。

(6) 不宜威胁。不要说"我再也不管你了,随你去吧"等。

(7) 不宜哀求。不要说"求求你别这么做好吗"等。

(8) 不宜抱怨。不要说"你做这种事,真令我伤心"等。

(9) 不宜贿赂。不要说"你若考 100 分,我就给你买自行车、手表"等。

(10) 不宜讽刺。不要说"你可真行啊,敢做出这种事来"等。

如今有不少父母教育孩子时心态上过于急躁,急于求成。大多数时间里,父母只看到孩子外在的变化,却忽视了对孩子兴趣、视野、习惯、思维等内在品质的培养。这是家庭教育的缺失。孩子学跳舞、学弹琴,父母只关注技巧训练的实际效果,却从不引导孩子领悟音乐的内涵和魅力;孩子鹦鹉学舌般背诵"白日依山尽",父母只顾高兴,却忘了告诉孩子"白日"怎样"依山尽"的情景。

许多时候,父母对待孩子如同热锅上的蚂蚁,巴不得8岁的孩子就大学毕业,孩子才上三年级就给他补习四年级的课程。有句话说,决不让孩子输在起跑线上,这固然有合理的地方,但也不完全对。如果人生是100米的短跑,那不输在起跑线上是必要的。但人生不是短跑,而是一场马拉松,即便今天落下了,明天也可能会赶上。

父母在教育孩子时要避免焦躁心态,要学会等待,如果孩子今天比别人慢一步,明天他可能会比别人快一步,不要认为今天慢一步,就一辈子比别人慢。人生的过程是不能浓缩的,必须有经历才能真正有所体会。当孩子出现错误时,父母一定要正确看待,要怀着一颗包容心帮助孩子分析、解决问题,而不是一味指责、训斥。

3. 在"后喻时代"倡导"互动教育"新模式

以往人们总说"父母是孩子最好的老师",但随着互联网的普及,家庭中出现了一种"后喻"现象,很多孩子在网络技术、信息获取能力等方面都已超过父母,出现了"孩子教父母"的现象。

在农耕时代,社会阅历、经验、年龄等决定了"长者为师";在工业化时代,随着科技的普及和发展,技术的地位日益提升,出现了"技者为师"和"能者为师"的现象。在当今知识化、信息化的时代,掌握信息、知识的多少以及创新能力的高低又决定了新型社会的为师标准。谁拥有更多的信息,谁拥有更多获得知识的能力,谁就可以成为老师。这种新的为师标准的确立,也促进了时代的进步和发展。事实上,孩子、学生、青年在家庭中、学校里、职场上焕发出了无穷的活力和竞争力。在我们周围,颠覆式的文化传承方式正在悄然发生。以往,老人们会说这样的话教育子女:"我吃的盐比你吃的饭还多,我过的桥比你走的路还多。"而如今,孩子们会义正词严地质问父母:"你们懂什么?"

自人类进入文明社会以来,就文化传承的方向而言,总是从上一代人向下一代人呈直线式流动。与此相对应,在家庭内部,父辈总是扮演教化者的角色,子辈则是被教化的角色。互联网与新媒体的出现,重写了社会的文化传承模式。QQ、数码相机、彩信、移动存储、4G、5G、微博、微信等一批以数字技术为基础发展出来的新名词、新玩意越来越频繁地出现在日常生活中。

对于"数字鸿沟"对岸的老一辈人来说,光是记住这些夹着英文字母的名称就足以让他们头痛了,更别说投身其中"潇洒走一回"了。面对这样的"数字鸿沟",青少年则能自由自在地实现"穿越"。正因为如此,在时下的家庭里,孩子手把手地教父母用电脑打字、设置上网账号、使用微信和支付宝等知识和技能也就司空见惯了。

如今的父母不得不黯然面对一个现实:自己原有的知识和经验开始部分失去了传承价值。而随着科技的迅猛发展和时代的进步,凭借少有传统的束缚和对新生事物的广泛接受能力,年轻的"网上一代"获得了对父母进行"文化反哺"的话语权。他们不仅垄断了时尚发布、多媒体操作和互联网技术的话语权,还在消费意向、审美情趣、生活方式、社会态度等层面不同程度地影响和改变着他们的长辈。一个直接的结果是,家庭社会成员间的关系和结构得以改变,年轻一代在家庭中的地位和决策权得到提高,同时随着"文化反哺",年届中年的父母对快速变化的社会的适应能力也将得到提高,从而缩小甚至弥合代际成员之间的"代沟"。

当然,父母并没有失去所有"发号施令"的权力,他们手中依然抓有底牌,那就是对孩子进行传统的伦理道德和为人处世准则的教育。我们不得不承认,即使在今天,社会化仍是一个双向的过程,成人社会仍有责任向孩子传授与中国优秀传统文化和世界先进文化相适应的价值观。在此基础上,父辈们也应该谦虚地喊出"向孩子学习"的口号。这不仅能够化解两代人之间的鸿沟,而且在孩子的心目中,我们终究会树立起一块人格的丰碑。

客观讲,即便进入"后喻时代",父辈们依然拥有无可辩驳的责任。因为在海量的信息面前,青少年往往由于人生经验不足,难以进行取舍和判断。父辈们仍需要对子女的价值理念、人生观进行传承式的引领。对信息的删选、收纳,仍然需要父辈们根据自身阅历、经验、历史积淀对子女的人生进行正面的引导。

因此,亲子互动模式从一元变为多元,应成为当代家庭教育的一种新选择。亲子互动中,除了顺应、模仿和同化外,可能更多的是合作、互学,甚至是竞争、冲突。随之,父母的角色也从一元转为多元,父母是孩子生活中的监护人、保护者,是第一"启蒙老师"和"终身教师",又是同学、伙伴和可信赖的朋友。变"父教""母育"为"父范""母仪",倡导"两代人共同学习""亲子如朋友"将是亲子互动多元模式的主要目标定位。

由于现代家庭教育质量结构业已从二维(德性、智能)结构向三维(德性、智能、审美)结构转变,因此,一种新型的教育模式"互动教育"正在崛起。互动教育模式是将"交互作用"论、"亲子统一主体"论、"情知互促"论、"人境交互决定"论等理论应用于素质教育研究与实践中,构建起一种现代教育方式。这种教育模式以亲子互动为主线,以情知互动为中介,以人境互动为条件,以更有效的组合方式和运行程序相互协调、相互影响、相互推动,并促使儿童主体性得以增强,其意向动力系统和认知操作系统得以开启,各种素质和个性得以全面、和谐、主动地发展。

在互动教育模式中,亲子互动、人境互动、情知互动三种互动关系至为关键。互动教育解决单向输出,是素质教育的新方法、新思路、新途径。杨福家教授曾引用他的"火把理论",即"儿童的头脑不是一个等待填满的容器,而是一支需要被点燃的火把",强调教育应倡导多元互动,相互学习。在知识经济和网络时代,尤其应该倡导互动教育模式。

4. 父母与孩子共同成长

由于应试教育与落后于改革的教育管理体制相结合,某种程度上讲,中国正不幸地培养出了一些缺少基本教养的大学生。著名经济学家汪丁丁说,今天,多数人必须经历的教育过程大致可划分为三个阶段,依照教育场所的外在特征,其一是家庭,其二是学校,其三是社会;依照教育的内在特征,其一是模仿(也称为"横向学习"),其二是自修(也称为"独立探索"),其三是灌输(也称为"纵向学习")。今天,教育是每一个人必经的过程,最短的义务教育,一般会在16岁结束。人生最初的16年,一开始时是学习语言,然后是掌握一些日常生活技能,其后是进入学校,学习洒扫进退、待人接物,以及学习各类知识,至十五六岁,可发愿"志于学",追索终身,达到"从心所欲不逾矩"的境界。

当前学校教育与家庭教育、社会教育在衔接与相互配合上还是不够的。一方面,我们生活在"文化—政治—经济"三重转型时期,青少年的价值观塑造有待加强,要帮助他们"扣好人生的第一粒扣子"。另一方面,关于初生婴儿的研究表明,生物个体首先注意的是与其息息相关的问题并由此学会适应环境。这些问题,依照它们对个体的重要性,首先是生命自身的维持问题,其次是生命与环境的关系问题,最后是由前两类问题派生的问题。伴随着个体求解这些问题的过程,依上列顺序,个体的社会认知——语言、道德、待人接物、权利界定、人与人之间的权利关系等——变得越来越重要。由于社会价值多元与传统瓦解,这些普遍可见的行为特征意味着人们的行为不再如传统社会那样具有较高的可预期性。换句话说,青少年个体社会化,要比在传统社会学习更多知识,付出更高的成本。

当个体必须支付更多、更高的社会认知成本时——注意,他只能通过社会认知而与环境保持足够稳定的关系,否则他就难以获取资源,在这一意义上,不论如何昂贵,他必须支付社会认知的成本——理性的行为方式是将短期内难以支付的成本分摊为长期(许多短期的接续)可支付的。这样,在传统社会里通常由"家庭"承担的教育职能,在转型期社会里往往被转嫁给了"学校"。如果学校教育因此而变得昂贵,则理性选择的结果是将传统社会里由"家庭"和"学校"承担的教育职能相当程度地转嫁给更晚期的人生阶段,也就是转嫁给"社会"。于是,在传统社会一元化稳态价值观遭遇现代多元、开放文化的冲击之下,我们周围会越来越多地出现缺乏教养的"熊孩子"。在这种情形下,我们的教育可能会培养出两类人:极端功利的青年人与反叛现实的青年人。因此,在巨大变革的时代,我们更需要父母与孩子相互学习,取长补短,"共同成长"。

由于长期受传统的家庭观念影响,在中国大多数家庭中,父母仍意味着权威,作为统治者在家庭中处于核心地位。孩子在父母眼里永远是长不大的,父母对孩子的教导可以持续到孩子长大以后许多年。另外,在中国人的逻辑中有这么一条:"长者恒为师"。在家庭中,年长者一定可以教育年幼者,这就在家庭内部形成一种人际关系的不平等,儿童也由此学会了对不同的人说不同的话,懂得了父母比朋友重要,长者是权威的象征。长期处于这种环境下,孩子慢慢习惯了在多重规则下生活。然而,随着物质生活水平的提高和计划生育政策的执行,许多家庭走向另一个极端,孩子在家庭中处于特殊地位并被重点保护,孩子成了"中心人"。父母对孩子采取百依百顺的态度,好吃的让孩子独享,该让孩子做的却由父母包办代替了。他们过分满足孩子的需要,生活上过分优待孩子,经济上过多偏重孩子,这就造成家庭关系的另一种不平等,同时也使孩子丧失了腾飞的能力。正如一只和鸡一起长大的鹰,已经完全忘记了自己作为鹰的本能,根本没有飞的愿望了。具体说,中国大多数父母的"育儿观"呈现如下共同特点:

(1) 生活上的包办代替。中国父母尤其是一些独生子女的父母,在生活上对孩子的衣食住行包办代替,不让孩子沾家务活的边。这种包办横向涉及孩子的方方面面,纵向延伸到孩子成长的全程。于是出现了中学生还要父母洗衣服、大学新生入学还要父母陪同等"巨婴"现象。

(2) 社交上的过度保护。不少父母怕孩子吃亏或学坏,于是限制孩子与外界的接触,一旦孩子与其他小朋友或同学发生争执或不愉快的事情，他们会袒护自己的孩子而指责其他孩子。

（3）经济上的放任。不少父母对孩子的要求百依百顺，有求必应，连经济较困难的家庭，父母也不得不勒紧裤腰带省下钱来满足孩子的需求。不少小学生都拥有高档智能手机、名牌球鞋等消费品，这容易助长他们奢侈浪费的习惯。

（4）学习上的过于严厉。与生活、社交、经济上的纵容相比，父母对孩子的学习却要求很高，甚至达到一种苛刻的程度。古往今来，应试教育一直是中国父母的思想桎梏，导致他们把孩子的学习成绩与能否考取高等学府视为孩子成才的唯一标准。在孩子出生后，父母就以天才的标准来要求、教育孩子。在孩子做完老师布置的作业后，父母往往会让孩子再做一套同步练习题，以求巩固，或者带着孩子奔波于各种补习班，让孩子对课程加深印象，弄得孩子筋疲力尽。一旦孩子辜负了父母的期望，那只能通过打骂这一招来解"恨铁不成钢"之怒。

然而，上述这一切已不能适应全球化背景下教育变革的未来趋势。中国父母只要抬头往外看一下世界就不难发现，以"云计算技术"为主导的新科技，将对传统的家庭教育、学校教育模式产生冲击。2011年，新媒体联盟（The New Media Consortium）发表的《赫拉斯2010报告博物馆版》指出，六种技术在未来五年将在全球课堂中得到广泛应用：

一是云计算技术，将大量用网络连接的计算资源进行统一管理和调度，构成一个"计算资源池"向用户提供按需服务。

提供资源的网络被称为"云","云"提供随时扩展、及时获取的服务,是一种资料的合理共享。举个例子,我们的学校为了提高教育信息化水平,购买了大量服务器、数据库、软件,同时还要不断更新,费用是相当可观的。通过建立云计算中心,构建资源共享平台,学校将能减少投入,只需提出需求,就可以得到快捷、高效的服务。云计算技术的使用,在减少投入的基础上,提高了效率。

二是协作环境,通过在线工具寻求合作参与者,每一个参与者的视角、文化差异在协作环境中得到充分展现。比如,学生可以通过网络就某一课程、某一问题,与不同学校、不同国籍的同龄人展开协作学习,通过学习过程中的研讨、协作、分享,促使他们的创造力、团队合作技能得到潜移默化的提升。

三是基于游戏的学习。经研究证明,游戏在多个学习环境中的运用效果是明显的,可以使学习者获得其他方式和工具无法实现的体验。

四是手机技术。随时随地、轻巧便携、无所不能的强大功能成为手机技术进入教育领域的优势。学生通过手机接收、发送消息,参与课堂讨论。教师通过提问,适时掌握学生课前、课中、课后的学习情况,从而了解学生的思维方式,及时调整教学方式。比如,新加坡将手机技术运用到高中地理野外实践课程中。学生到达指定地点后,根据具体学习任务,运用手机协作展开试验,记录笔记,综合分析数据,最后通过手机上传研究结果,并分享他人的经验。

五是虚拟支持增强现实,将虚拟信息应用到真实世界,真实环境和虚拟物体实时叠加到同一画面或同一空间同时存在。该技术运用到历史教学中,学习者可以就一个历史遗迹进行不同历史阶段的游览,了解历史变迁,激发探索兴趣。同时,还可以就历史遗迹进行建筑风格的学习,不同历史阶段的建筑风格通过真实呈现技术,将抽象、静止的历史教学转变为具体的、动态演进式的、引人入胜的学习过程。

六是便携展示技术。在电影《哈利·波特》中出现的便携的、动态的报纸将有可能真实地出现在未来的教学环境中。该技术可以使内容根据呈现需要进行任意卷曲,在科学和机器人课程中将大有用武之地。

上述六种数字技术将充分体现无处不在、随时随地的特点,未来会在全球课堂普及,这标志着"教育E时代的到来"。具体来说,超越传统学校教育模式,教与学的维度被无限放大;突破教室的物理概念,创设虚拟的教学环境;游戏即学习,让学习者享受新技术带来的学习快乐,必将成为未来现代化"泛在学习"的方向。这对家庭代际关系、家庭成员共同成长、家庭教育及学习方式带来全新挑战。

事实上,现在的年轻父母教育孩子的方式与老一辈教育孩子的方式已有很大不同。但几乎每一个人都要面临成为父母的角色转换问题。对年轻父母来说,除了要了解孩子的想法、思考的方式,了解孩子喜欢什么、不喜欢什么以外,更重要的是要重新认识自己,认清自我的角色。

生命生长是一个不断进行的过程,它不是一条直线,而是一个波浪式地往前运行的过程,这个过程有时候快些,有时候慢些,且前一个阶段总会为后一个阶段奠定基础。我们要知道在什么时候,哪些组织发育是快的,哪些是慢的。当然,这是连续性的,因此更要对生长的全过程进行关注。也就是说,从生长发育的全过程来关注孩子,而不是随着自己的兴奋点来转移目标。比如,最近认为孩子学习是最主要的问题,就集中精力抓学习,别的都不管了;过几天又觉得孩子个子还不高,要让他长个子,则关注点全放在长高上了。孩子的生长发育过程是连续不断进行的,每个阶段过去了就再也不会回头了,因此我们在养育孩子的过程中需要很好地权衡各种因素。

我经常会碰到这样的父母,我说你们现在要注意这个孩子某某问题,但父母说现在没办法,孩子要考试,小学要升初中,或者要中考,过了这个阶段再重视这个问题行吗?我说不行!比如我说这个孩子睡眠不够,孩子需要很好的睡眠,要有适量的运动。但父母说不行,从早到晚孩子的时间安排得很紧,孩子的学习任务很多,周末还有这个课那个课。怎么权衡?这是父母面临的很重要的问题。

现在的孩子的确得到了比以往更多的关注,我们注意到他智力的发育,但我们注意到他的心理是否健康吗?为什么现在很多孩子出现了心理问题?这和我们抚育者的观念、和我们现在采取的方法是不是有关系?

在育儿的过程中,父母需要和孩子一起成长。父母不是生来就是育儿的高手,包括像我们这些专业的教育工作者,也只有通过养育孩子的过程,才能有所体验,把我们学到的理论和实际联系在一起,否则就只能是空头的理论。

我们需要用知识武装头脑,不是生来就能做好一名父亲或母亲的。我们需要和孩子一起成长,同步成长。现在很多的年轻人把孩子交给父母,交给保姆,自己很轻松。有时候带孩子去看病,医生问一些有关孩子的问题却答不上来,还得问父母或者保姆。如果你不自己去观察孩子,不去了解孩子,你又怎么能知道孩子的问题在哪儿呢?

我们要想养育孩子,就得有一个很好的思想准备。从一开始就应该知道怎么去呵护孩子,怎么去照顾他,怎么去帮助他克服在成长过程中的问题。在孩子成长的过程中,父母应该给予孩子更多的耐心,给孩子更多时间和更大空间去进行更多的尝试和探索,释放孩子的潜能,并让孩子成为自己发展的主人。同时,父母要与孩子共同成长。这里有一些建议:

(1)与孩子一起学习。身教重于言传,父母应该在孩子的学习过程中扮演一个"亦师亦友"的积极角色,更好地了解孩子、支持孩子并和孩子共同进步。

(2)让孩子成为家庭、社会中平等的一分子。尊重孩子的独立性,鼓励孩子自由地表达自己的观点和意愿,让孩子参与到家庭的决策中来,并鼓励他们参与社会。

(3)鼓励孩子参与多元活动,挖掘孩子的潜能,促进孩子的整体成长。比如,让孩子参与有关音乐、戏剧、美术等方面的多元智能活动,可以帮助孩子发展特长、整体成长。

(4)培养孩子积极思考、举一反三的学习能力。引导孩子独立地发现规律,不仅积累知识,更要能活学活用。

五

有机教育:如何科学"施肥"

有 机	让孩子幸福的教育
教 育	●●●●●○○○

中国的父母大多持有这样的理念——让孩子接受最好的教育。然而，什么是最好的教育并没有明确的定义。事实上，在强调个性化发展的今天，给孩子最适合的教育显得尤为重要。在我看来，当前家庭教育的两大任务，往简单里说，一是教孩子学会做人；二是让孩子学会做事。

　　孩子在儿童期，"身心健康"是基础，同时要"学会做人"（儿童期主要是学习明辨事理）、"学会做事"（学会学习是儿童学会做事的开始），这三个方面共同作用，支撑儿童成长。

　　儿童期第一件事就是让孩子懂事、负责任，或者明事理，第二件事是帮助孩子学会学习，学会思维，把这两件事做好了就好办了。怎么达到这两个目标呢？第一是把学习的良好习惯落实在学习过程中，抓过程，提升结果；第二是把做人的良好习惯落实在日常生活中，在生活中培养人。另外，还要让孩子快乐成长。孩子快乐成长，父母就能解放；孩子不能快乐成长，父母就解放不了。

　　现在社会上流行一种说法：德育不行的人是社会上的危险品，智育不行的人是次品，体育不行的人是废品。可见，儿童健康快乐成长的"三条边"相互支撑，缺一不可。父母应做的就是：在孩子有一个健康体魄的前提下，让孩子学会做人，再学会做事。

1. 做"恰当"的父母

现今大多数中国家庭的孩子实行的都是"制式教育"。所谓制式教育,是指以标准化的流程和模式培养人才,并以统一的标准考核之。以规定的时间、规定的内容、规定的考核方式大批量生产类同的人才,是制式教育追求的目标。很多父母认为,自己过的桥比孩子走的路还多,所以人生走什么路,孩子就应该听父母的。这是误把人生经验当成了人生智慧。成人比孩子优越的就是具有人生经验,不过,人生经验有可能生成人生智慧,也很有可能遮蔽甚至扼杀人生智慧。

上海市区小学生家长教育行为方面的一份研究报告曾从家长的认知、行为和情感三个方面设计了"允许—限制""爱—不爱""接受—拒绝"三个维度,聚类分析后总结出八种家庭教养方式:保护型、溺爱型、权威型、理智型、期望型、严厉型、严格型、忽视型。这种划分显然比简单地划分为民主、专制、放任三种类型更能描述现实生活中父母所采取的教养方式。在家庭教育中,采取保护型、溺爱型、期望型、严厉型、忽视型家庭教养方式的父母往往扮演着不恰当的角色。

保护型 过度保护的父母是过分担心的父母。他们担心子女的身体、学习、安全,担心他们不会照顾自己,担心他们与坏人交往。父母始终把子女当成刚刚蹒跚学步的孩子,一步不敢离开。我们会发现,由于父母的过分担心,子女失去了许多正常孩子应享有的权利和乐趣,当别人家的小孩在玩滑梯或是在秋千上荡来荡去的时候,他们只能可怜巴巴地站在边上看,充其量在父母的叮嘱、保护下尝试几次而不能尽兴;当假期同学们结伴郊游时,父母会以不安全为由把子女留在家里;当子女由于稍感疲劳回到家先躺一会儿时,父母会坚持要他们解释清楚原因;子女偶尔打个喷嚏,父母非要他们服药不可。父母的这种表现无意中压抑了子女的许多天性,他们竭尽全力为子女构筑了一个安全的、没有危险的环境,让子女在里面成长,似乎只有这样,他们的心才能放下。他们心甘情愿地充当子女的保护伞,他们希望子女能在他们安全的避风港里成长。

溺爱型 中国自实施计划生育政策后,独生子女家庭在社会中所占比例很高,溺爱型的父母也非常多。许多独生子女家庭的父母因"独"而过分宠爱孩子,对孩子的日常行为和事情进行干预甚至包办,致使孩子的自理能力很差,养成吃饭张口、用物伸手的不良习惯,依赖心理强而社会适应能力低。受父母过分娇纵的孩子往往性格残暴,具有不负责任、反权威等表现,容易产生行为问题。

期望型 科技的进步和发展对人才提出了更高的要求,父母对孩子的期望也在不断提高。但过高的期望往往会给孩子带来不应有的精神压力,影响孩子身心的健康发展。特别是当父母忽视孩子自身的智力水平、素质、能力,对孩子提出了不切实际的、无法实现的要求时,往往会适得其反,使孩子身心负担过重。有的父母操之过急,在失望之余产生过激的行为，粗暴打骂孩子。在许多城市家庭中，对孩子进行智力投资已取代解决温饱问题成为整个家庭的重心。许多父母期望孩子能拿一个好分数，能学有所成，但是对孩子成才的综合素质如思想道德、身体素质、心理素质、适应能力、日常行为习惯等非智力因素却不重视，甚至放任不管，致使高分低能、品行不端、适应性差等的孩子屡见不鲜。

严厉型 "父为子纲"的中国传统思想仍影响着现代父母。严厉型的父母把孩子看成是属于自己的物品，可以任意摆布，常常过分干涉孩子的生活，对孩子交友、各种爱好、外出参观等往往横加干预，不给自由，扼制了孩子的全面发展和身心健康，对孩子正常心理和行为的形成及其成才非常不利。还有的父母由于担心孩子交友不慎，私拆孩子信件，偷听电话，偷看日记，如此不尊重孩子的隐私，容易使孩子产生逆反心理，甚至对父母失去信任。

忽视型 俗话说"家庭是人生的第一所学校，父母是孩子的第一任老师"。然而，忽视型的父母对子女是只养不教，他们认为父母的责任就是供孩子吃、喝、穿、住，而把孩子的教育全部归于学校，对孩子的学习、思想等不闻不问，完全忽视家庭教育对孩子成长的重要影响，殊不知缺乏父母的爱护、关心、照顾、教育引导的孩子往往出现不应该出现的种种问题。

另外，许多父母只重视孩子的日常行为和表现，而忽视孩子的心理变化。有的孩子在日常行为和表现上看不出多大问题，可心理上潜伏很大危机，如承受挫折能力差、不能正确认识和处理与周围的人和事的关系、图虚荣贪享乐、焦虑抑郁、无所谓等。这些不良的心理状态,如不及时发现,正确进行教育和引导,往往成为某些危害性大的事件发生的导火线或隐患,从而造成不良的后果。

父母是孩子的第一个模仿对象,其言行举止无不深深影响着孩子。然而,许多父母教育孩子时言行不一致,重言教而轻身教,忽视身教对孩子的熏陶和无形的潜移默化的影响。有的父母看重金钱,图虚荣贪享乐,整日花天酒地、搓麻赌博;也有的父母自私自利、不思进取、不文明等。这样的父母不论对孩子管教多严格,也起不到应有的作用。

以上父母所扮演的角色确实令人失望,那么在青少年的心目中,什么样的父母才是理想的父母呢?为了了解青少年心目中理想父母的形象,几年前,上海社科院青少年研究所曾开展过关于"未成年人思想道德发展状况"的大型问卷调查。其中一项"我心目中理想的父母"问题的调查结果如下:

55.7%的学生认为理想的父母应该关心孩子的学习、生活,多听孩子说学校里的事,多倾听孩子的想法。

51.8%的学生认为理想的父母应该理解孩子,遇事时更多地从孩子的角度出发为他们着想。

41.5%的学生认为理想的父母应该尊重孩子。其中,17.4%的学生认为父母应该尊重他们的选择和意见;19.9%的学生认为父母应该尊重他们的隐私,不私拆信件、不偷看日记。

35.4%的学生认为理想的父母应该支持孩子的想法,在孩子受挫折时帮助孩子寻找原因并给予鼓励。

22.1%的学生认为理想的父母应该信任孩子。

15.4%的学生认为理想的父母是慈祥、和蔼的,能给予他们情感上的温暖。

10.2%的学生认为理想的父母应该为孩子创设一个好的家庭氛围,一家人相亲相爱。其中,3.5%的学生认为父母不该在孩子面前起争执,甚至吵着要离婚。

21.4%的学生认为理想的父母应该成为他们的知心朋友。

8.7%的学生认为理想的父母应该既是他们的长辈、良师,又是他们的益友。

48.4%的学生认为理想的父母不应该过分干涉孩子的生活,要给他们一个自由的空间。其中,12.1%的学生认为父母不该过分干涉他们的交友;5.0%的学生认为父母不该过分干涉他们的学习。

37.1%的学生认为理想的父母不应该对孩子太严厉甚至粗暴地打骂孩子。其中,8.1%的学生认为成绩不好时,父母不应该不问原因就只是打骂;6.7%的学生认为父母不该因为小事生气;3.4%的学生认为父母不该把工作上的怨气带回家中。

18.3%的学生认为理想的父母不应该过分溺爱孩子,不会替他们包办日常小事,而是让他们学会自理。

11.8%的学生认为理想的父母不会对孩子有过高的期望。

6.7%的学生认为理想的父母不会否认自己的孩子,不会对孩子冷嘲热讽，更不会在外人面前提孩子的"丑事"。

6.4%的学生认为理想的父母不会只重视成绩，特别是只用成绩去衡量他们的学习和能力。

3.1%的学生认为理想的父母不会只重工作和钱，而是应多陪陪孩子。

从以上结果不难看出，孩子需要的是父母的关心、尊重、理解、信任、鼓励，需要一个和睦的家庭，希望父母能成为自己的良师益友，他们最不希望父母是保护型、溺爱型或严厉型的父母，对于父母期望过高、否定孩子、只重（自己）工作、只重成绩的行为感到不满和失望。

我们做父母的，常常将自己没有实现的梦想强加到孩子身上来实现。我曾在一个电视节目中看到，一个男孩在世界游泳比赛中获得了冠军，当记者问他夺冠的感受时，他却说他并不喜欢游泳，这个冠军是为他父亲得的。现在他满足了父亲的愿望，明天就要去做他自己喜欢做的事情了。这件事很耐人寻味，实现的不是自己的梦想，哪怕在别人眼里再成功，人生依然没有乐趣。

孩子有自主生活的主体性，在他们的成长过程中，家庭教育发挥着十分重要的作用，父母应该尽可能为孩子创造更多的可以选择的机会，即创造丰富多彩的童年生活，当孩子有所选择时，父母就要站在孩子身旁，为他们实现梦想助一臂之力。其实，对孩子的期望是不一定非要做"第一"，能做"唯一"更好。第一名第二名并不重要，重要的是让孩子从小快乐，找到生命中唯一的自己，做他唯一的自己。

我们做父母的必须有一个本领,在任何情况下,既能督促孩子进步,又能保持孩子的自尊心不受伤害。保证孩子得第一名高兴,得最后一名也高兴,让孩子觉得活在世界上很美好,培养孩子对于生命的热爱,是父母最重要的任务之一。

做父母的应该有这样一种心态:每个孩子都是不一样的,每个人都会有不一样的前途。无论父母做何期待,孩子发展的最终结果一定是多样化的,不可能所有人都进清华、北大,所有人都成为科学家,这是一个社会规律。什么样的教育是最好的教育?一定是各得其所的教育。不同的孩子有不同的潜力,给予他们有针对性的教育,使他们的潜力得到最大限度发挥,他们才能成为一个幸福的人、一个有所成就的人。

如果希望孩子有一个健康的心态,能自由快乐成长,父母要注意以下几点:

(1) 勿对孩子控制过严。作为父母,当然不能对孩子不加管教、听之任之,但是控制过严又可能压制孩子天真烂漫的童心,对孩子的心理健康产生消极作用。不妨让孩子在不同的年龄阶段拥有不同的选择权。只有从小能享受选择权的孩子,才能感到真正意义上的快乐和自在。

(2) 鼓励孩子多交朋友。不善交际的孩子大多性格内向,有抑郁倾向,因为时时可能遭受孤独的煎熬,享受不到友情的温暖。不妨鼓励孩子多交朋友,特别是同龄朋友。本身性格内向、抑郁的孩子更适宜多交一些开朗乐观的朋友。

(3) 教会孩子与人融洽相处。和他人融洽相处者的内心世界较为光明美好。父母不妨带孩子接触不同年龄、性别、性格、职业和社会地位的人,让他们学会和不同类型的人融洽相处。当然,孩子首先得学会跟父母和兄弟姐妹以及其他亲人融洽相处。此外,父母也应与他人相处融洽,做到热情、真诚待人,不势利卑下,不在背后随意议论别人,给孩子树立一个好榜样。

(4) 物质生活避免奢华。物质生活的奢华会使孩子产生一种贪得无厌的心理,而对物质的追求往往又难以获得自我满足,这就是为何贪婪者大多并不快乐的根本原因。相反,那些过着俭朴生活的孩子,往往只要得到一件玩具,就会十分高兴。

(5) 让孩子爱好广泛。一个孩子如果仅有一种爱好,就很难保持长久的快乐感觉。试想:只爱看电视的孩子一旦晚上没有合适的节目,心头必然会郁郁寡欢。相反,如果孩子看不成电视时爱读书、看报或做游戏,同样可乐在其中。

(6) 引导孩子学会摆脱困境。即便是天性乐观的人也不可能事事称心如意,也不可能"永远快乐"。父母最好在孩子很小时就注意培养他们应付困境、逆境的能力。要是孩子一时还无法摆脱困境,还可以教育孩子学会忍耐,或在逆境降临之时寻求另外的精神寄托,如参加运动、玩游戏、聊天等等。

(7) 拥有适度的自信。帮助孩子学会接纳自己,包括接纳自己的长相、优缺点,从而拥有"自知之明"与乐观自信。

(8) 创建快乐的家庭气氛。家庭的气氛、家庭成员之间的关系,在很大程度上会影响孩子性格的形成。研究表明,孩子在咿呀学语之前就能感觉到周围的情绪和氛围,尽管当时他还不能用语言来表达。可以想见,一个充满了敌意甚至暴力的家庭,绝对培养不出开朗乐观的孩子。

2. 适合的教育才是最好的教育

每个家庭的条件是不同的,每个孩子本身的先天条件也不同,每个父母教育孩子的能力更不同。所有这些因素都制约着孩子的成长,所以每个孩子的成长过程也不同,发展的结果也不同。这里讲一个"井蛙归井"的寓言故事:井里的青蛙向往大海,请求大鳖带它去看海。大鳖平生第一回当向导,非常高兴,便欣然同意。一鳖一蛙离开了井,慢慢前行,来到海边。青蛙见到一望无际的大海后,惊叹不已。它"呱呱"大叫,急不可待地扎进大海的怀抱,却被一个浪头打回沙滩,措手不及地喝了几口咸水,还被摔得晕头转向。大鳖见状,就叫青蛙趴在自己的背上,带着它游海。一鳖一蛙漂浮在海面上,乐趣无穷,青蛙也逐渐适应了海水,能自己游一会儿了。过了一会儿,青蛙有些渴了,但喝不了又苦又咸的海水。它也有些饿了,却怎么也找不到一只它可以吃的虫子。青蛙想了想,对大鳖说:"大海的确很好,但以我的身体条件,不能适应海里的生活。最要命的是,这里没有我能吃的食物。看来,我还是要回到我的井里去,那里才是我的乐土。"于是,青蛙向大鳖告别,回到了自己的井中,过着平安快乐的生活。

家长往往一味强调孩子要走向"成功"。其实成功的方法是不容易学到的,假如容易学到的话,家长只要不惜一切代价让孩子专攻"点金之术"就行了,那教育就简单了。"井蛙归井"再次证实了德国心理学家卡尔·马尔比(Karl Marbe)说过的一句话:"最常见同时也是代价最高昂的一个错误,是认为成功有赖于某种天才、某种魔力、某些我们不具备的东西。"同时,这个故事也给了我们一个很好的启示,其实,成功的要素就掌握在我们自己的手中。

适合自己的才是最好的,适合自己的教育就是最好的教育。可能你会说:"井底之蛙,见识少,才会那样说。"或许你说得也没错,我们生活的世界真的是很有趣,任何事情都有两面性,善与恶、积极与消极等,就看你看到哪一面。

什么是最适合的教育?最适合的教育就是儿童所接受的教育理念和手段正好适合于他的思维方式与接受能力,能使其能力得到最大程度的激发和发展。换句话说,能使孩子的潜能得以可持续发展的教育,让每一个孩子成才的教育,就是最适合的教育。

唐代柳宗元讲过这么一个故事,说一个姓郭的驼背老先生种的树长得特别好,众人向他讨教其中的奥秘,他说,种树要顺应树木的天性,该培土的时候培土,该施肥的时候施肥,种好以后就不用多管它,任它按自己的习性生长。有的人植树,生怕树长得不快,一天到晚精心护理,还常常掐掐树皮,摇摇树根看看它长势如何,这种过度的"爱"反而背离了树木的本性,妨害了树的生长。种树如此,育人又何尝不是如此呢?

著名教育家吕叔湘说,教育近乎农业生产,绝非工业生产。另一位著名教育家叶圣陶解释说,学生跟种子一个样,有自己的生命力,老师能做到的,只是供给他们适当的条件和照料,让他们自己成长。这和郭老先生的种树"绝招"有异曲同工之妙。孩子是千差万别的,只有适合的教育才是最好的教育。因此,教育孩子的前提是了解孩子,了解孩子的前提是尊重孩子。

可以说,应试教育恰恰是反过来了。为了让孩子应付考试,惯用的手法除了虚伪空洞的说教就是死记硬背,这都是有违孩子的天性的。真正的教育,是培养孩子广泛的兴趣,挖掘孩子的自由天性,更是快乐教育、赏识教育、情景教育、美德教育、艺术教育、人性教育,是思维方法训练和人生观、世界观的引导。

3. 做人要学"喜羊羊",做事要学"灰太狼"

动画片《喜羊羊与灰太狼》以羊和狼两大族群间妙趣横生的争斗为主线,童趣但不幼稚,启智却不教条。除了搞笑之外,其中还蕴藏着不少的人生智慧,自播出以来一直受到观众的好评。除了小朋友喜欢看,许多成年人也追捧,一时间,大街上随处可见不同类型的带有"喜羊羊"和"灰太狼"形象的饰品,社会上也开始流行"做人要学喜羊羊,做事要学灰太狼"这句话。

如果要你从"喜羊羊"和"灰太狼"中选一个角色扮演,

一时之间你绝对难以抉择,因为"喜羊羊"有"喜羊羊"的长处,而"灰太狼"也有"灰太狼"的优点。"做人要学喜羊羊,做事要学灰太狼",从"喜羊羊"和"灰太狼"这两个角色入手,以小故事、大道理的形式将人生智慧娓娓道来,旨在告诉大家要像"喜羊羊"那样做人,要像"灰太狼"那样做事。

"喜羊羊"在做人方面具有很多优点。首先他是羊族中的小英雄,聪明善良,自强自信,决策果断,行动迅速,勇敢乐观,胆识过人,常常是"慢羊羊"村长只说前一句还没说后一句时,他就已经把事情干完了。

"喜羊羊"是羊族中的大功臣,他头脑灵活,善于变通,耐心十足,遇事沉着,临危不乱,百折不挠,敢于承担责任,他几乎每次都能识破"灰太狼"的计谋,从而拯救伙伴们的生命。"喜羊羊"是羊族中的智者,他不仅具备团队精神,信任伙伴,感恩他人,乐于助人,而且谦逊低调,脾气温和,用心学习,勤奋工作,勇于探索,关注细节,善于抓住机遇,永远面带微笑,不锋芒毕露,拥有好人缘。在做人方面,我们的确要多向"喜羊羊"学习。

那么,为何做事要学"灰太狼"呢?首先,"灰太狼"目标明确,斗志昂扬,是一个意志坚定的"硬汉"。每次倒霉的"灰太狼"都被羊群整得浑身是伤,但他从不气馁,永不放弃,即使遭受再大的伤害,他也依然不服输地冲着羊群大喊:"我一定会回来的!"

其次,"灰太狼"尊重对手并向对手学习,热衷于搞发明创造,他制作的一系列捕羊工具不仅令人耳目一新,而且实用性强。虽然最终没有一种捕羊工具能让他称心如意地抓到羊,但这不过是剧情的需要。

另外,"灰太狼"忠诚执着,服从意识强,不仅对老婆很专一,对捕羊的事业也很专注。为了抓羊,"灰太狼"不仅不怕吃苦受累,从不抱怨,而且想方设法,有错必改。即使抓不到羊,"灰太狼"也会适时地宣泄自己的负面情绪。在做事方面,许多人说的确要多向"灰太狼"学习。

4. 学做人是家庭教育的重要课程

韩国首尔大学教育专家文龙鳞教授曾给年轻父母们一句忠告:学做人是成功成才的第一课,道德智能是决定人生成败的关键。所谓道德智能,就是判断是非的能力。这种能力包括同情并关心别人痛苦的能力、调节自己情绪和抑制自己欲求的能力、接受和理解别人和自己不同观点的能力、尊重别人的能力。

天下之人,没有两个是相同的,每个人也都不可能十全十美。自然,教孩子做什么人,答案也非常宽泛。时下,许多家长很重视孩子的学习,却不太重视孩子的做人教育。文龙鳞通过大量的研究得出了"道德智能低下的孩子将无法适应10年后的社会"的结论。因此,在竞争激烈的市场经济时代,教育孩子学会做人是非常要紧的事。具体包括以下方面:

第一,教孩子做讲诚信的人。诚信是做人的根本,是道德的基础。诚实守信,说了就要做。而让孩子成为一个诚信的人,家长要做好榜样。家长平时应注重自己的示范作用。孩子本性是善良的,可塑性很强。除了通过讲道理、讲故事来向孩子讲清诚信的道理之外,更应注重孩子日常行为上的诚信。

我有一对朋友夫妻,他俩平时非常注意孩子的诚信教育。他们告诉我,无论是夫妻之间,还是邻里、同事之间,他们始终秉承诚信做人的原则。即使有时因工作或其他原因,被别人不理解,但是时间长了,总是能理解他们的善意和诚信。所以,他们和邻里、同事之间的关系也都很融洽,对孩子也始终坚持正面教育,这些都为孩子的健康成长营造了和谐的环境。

第二,教孩子做有爱心、善良的人。爱心是人性光辉中最温暖、最美丽的一缕阳光,善良是和谐、美好之道。只有心中充满善良,充满爱心,才能温暖人间。这里讲一个"三颗纽扣"的故事。

从前有个木匠,大家都叫他"三颗纽扣"。有一天晚上,"三颗纽扣"正在睡觉,突然天下大雨,有人敲门,他就问:"谁啊?"屋外的人是个乞丐,乞丐说:"雨太大了,让我进屋里避避雨吧!""三颗纽扣"说:"实在对不起,我这太小了,只能容下我一个人。"乞丐说:"能容下一个应该就能容下两个,让我进去吧。"于是"三颗纽扣"把门打开,让乞丐进来。

刚过一会儿,又有人敲门,说"让我进去吧"。"三颗纽扣"说:"这个地方只能容下一个人,现在已经挤了两个。"敲门的人说:"能容下两个就能容下三个,让我进去吧。"于是一个领着两个孩子的妈妈进来了……最后是一个国王,而且国王还牵着一匹马、领着一个大臣和侍卫。令人吃惊的是，他们都挤进了"三颗纽扣"的这个小房子。

暴雨下了一夜，国王被"三颗纽扣"的行为感动了，他说：为什么这间小屋能够装下这么多人却不显得拥挤呢？原因来自于主人的爱心。因为爱没有边际，所以小屋的容量也就没有边际。实际上，宇宙也许有边际，房屋再大也有边际，但人的爱心却完全可以没有边际。如果爱心是一个温暖小屋的话，它完全可以容纳下那些需要进来的人。

在培养孩子有爱心、善良方面，德国给我们树立了一个榜样。在德国，孩子生下来后，家长最需要做的是两件事，一是教育孩子学会自立，二是教育孩子从小有爱心，进行"善良教育"。

这种善良教育从爱护小动物开始。在德国，很多家庭养了小猫、小兔、小狗、金鱼等小动物。这些小动物不仅是家庭宠物，也是家长们有意为孩子准备的"实物教材"。家长们手把手地教孩子们饲养、护理小动物，使他们在照料小动物的过程中，学会体贴入微地照顾小生命。这种"实物教学"往往会收到潜移默化的教育效果。

为了配合家庭里的善良教育，德国幼儿园里也饲养了各种小动物，老师把这些小动物"分发"给孩子们，由他们自行喂养。在喂养过程中，老师要求孩子们注意观察，写出"饲养记录"，并说出所喂养小动物的可爱之处。德国小学设有"善良教育"课，小学生们可以用自己的零花钱"认养"学校里的各种小动物，然后根据自己的喂养经历写作文，老师会把优秀作文送去发表,以激励学生们爱护小动物。

每学期开学第一周,很多小学都要举办以"善待生命"为主题的讨论或作文比赛,优胜者将获得校长和当地官员颁发的奖章和证书。这些体现了德国人的教育共识:小时候有爱心的孩子,长大后会成为有用的人。

在德国,助人为乐蔚然成风,这是家长对孩子进行"怜弱教育"的结果。同情和帮助弱者是德国人对孩子进行善良教育的一项重要内容。德国家长会定期带孩子到养老院、贫民区等地,鼓励孩子为老人洗衣服、打扫卫生,为生活贫困的人购买礼物、食物等,以此引导孩子关注弱势群体、帮助弱者。同时,社会上有很多志愿者,引导、教育孩子帮助弱势群体。

在德国曾发生过这样一个真实的故事:一个8岁的小男孩将一个上门乞食的老者赶走了。事后,男孩所在的学校展开了一场讨论,通过启发教育使学生们认识到:弱者也有尊严,关爱弱者是一个人、一个民族心地善良、心灵美好的体现。

为使善良教育更加明晰,一些学校还开展了"反面教育",对那些在学校里恃强欺弱的"霸王学生"进行处理,召开由家长、社会人士、学生三方代表参加的"公示大会",把学生的种种不良表现公之于众,做到公开、公正、公平,让学生受到警示和教育。德国人的善良教育、心灵健康重于身体健康的教育理念和方法,对于我们是否有可以借鉴之处?

第三,做健康的人。不但身体要健康,心理更要健康。快乐不在心外寻求,只能在心内寻得。如果整日忧愁、苦恼、失意,这样的孩子现在没有乐趣,将来也很难获得幸福。身心健康不仅靠上课所习得的知识获得,更靠体育运动和其他各种活动促进性格开朗,拥有阳光心态。家长应培养孩子开朗、与人为善的性格,让他具有同情心和爱心。比如学校里捐款、捐书,家长应该全力支持,让孩子意识到帮助别人是一件很快乐和幸福的事情。

身心健康之外还要有责任心。要有为别人、为集体、为国家努力学习的责任心,做事除了利己之外,还要有利他、利国的宏图远志。我在前面提到的一对朋友夫妻在教育孩子时,特别注重教育孩子要尊敬师长,孝敬老人,听父母的话,在平常的小事中都有为别人着想的观念。孩子虽然一直晕车,但在班级外出活动时从来不向老师申请坐到前面,默默忍受着晕车的痛苦。

上述事例说明,未必要把孩子教育成为一个伟大的人,但是一定要使孩子成为一个具有品德的人,一个能够慎独的人,一个言而有信的人,一个对自己对他人负责任的人,一个思想健康向上不怕吃苦的人。这样,不管你的孩子以后能走多远,能飞多高,这些品质都会成为他奔跑的动力、飞翔的翅膀。

5. 培养孩子的"成长型思维"

美国斯坦福大学教授卡罗尔·德韦克(Carol S. Dweck)提出了"成长型思维"(growth mindset)概念。她认为,孩子的智力可以通过后天努力而改变,因而应鼓励孩子积极评估及发展自己的潜能。

德韦克教授从一开始就对孩子如何面对困难和挑战感兴趣。1978 年，她与同事做了一项实验，他们找来一群孩子玩拼图，观察这些孩子的行为和情绪反应。拼图开始时很简单，后来则变得越来越难。

实验之前，德韦克教授就预料到，孩子们面对困难时会有不同的反应。事实也确实如此。随着拼图越来越难，有些孩子开始抗议，并表示要放弃，最后甚至直接将拼图推到地上。但她没想到的是，当面对特别难的拼图时，一些孩子竟然表示"喜欢这个挑战"。

为什么这些孩子在面对困难时会有如此大的区别？是因为智力上的差异吗？其实，智力并不是根本原因，且智力并非不可改变。德韦克教授研究发现，这些孩子之间的根本差异在于思维模式。正是思维模式上的差异，导致他们在智力上出现分化。

再举一个例子，某公司空缺一个重要的职位，招聘时来了好多位硕士、博士，本科生只来了一位，还是硬着头皮来的。结果出人意料，本科生被聘用了，硕士、博士反而落选。为什么呢？原来所有的硕士、博士全都坐在那里指手画脚，而本科生一声不吭，在一旁端茶倒水。

根据德韦克教授的观点，能积极面对困难、接受挑战的孩子拥有"成长型思维"，认为困难、失败只是帮助自己进步的挑战，同时他们也对学习充满热情。而选择逃避困难的孩子，往往是"固定型思维"(fixed mindset)的孩子，习惯规避挑战，害怕失败。突破"固定型思维",可以说是家长指导孩子如何做事时首先要注意的方面。

要让孩子做好一件事情,需要多方面的付出和努力。

(1) 做事要有责任感。孩子在学校里、在家庭中,也是需要做一些事情的。比如说值日时,要求孩子尽力做好,不给别人添麻烦。如果作业没做完,就会受到批评,让孩子自己去感受这种后果,接受应有的惩罚,以增强他们的责任感。

(2) 做事要有条理、有计划。许多事情,家长应该放手让孩子去做。要让孩子亲自去尝试,不要给他过多的限制,这样他才会把事情做得更好。比如说让孩子自己整理书包,自己叠被子,自己洗袜子。要让孩子做些力所能及的事。孩子通常不会把这当成负担,有时他会觉得这很好玩。做的次数多了,有了实践,有了经验的积累,也就有了条理。当孩子逐步习惯行动之前做计划,并使计划趋于可行,那么,孩子也就悄悄地成熟起来了,正所谓做大事要从小事做起。

(3) 按规则办事。按规则办事是公民共处的基本准则。对于儿童来说,养成做事之前先了解规则的习惯,并自觉遵守有关规则,是儿童社会化的范式。

(4) 学会节俭。节俭不仅仅显示个人的道德观与生活能力,也与整个人类生存发展密切相关,节约每一分钱,实质是节约资源,并从中体验人类的高尚情感与博大智慧。

在如何培养孩子认真做事的能力方面,德韦克教授给我们的建议是:第一,不要表扬孩子的智力或能力,不要给孩子贴标签。对孩子的表扬一定要具体、明确,要表扬过程而不是结果，比如他的努力、专注、坚持、创意、策略等。第二，要让孩子相信，他拥有让自己变得更好的力量。第三，家长要学会区分什么是"固定型思维"，什么是"成长型思维"，从中培养孩子接纳自己，拥抱变化，迎接挑战，寻找机会。凡事皆有可能，要让孩子将失败视为对今后成长十分有用的经验和教训。同时，要训练孩子克服自己不接受挑战、逃避失败、不接受批评、喜欢待在舒适区、认为毕业后无须过多学习等"固定型思维"。唯有通过反复训练，孩子的思维模式才有可能改变，变得更加自信，做事更加投入，更加认真。

六
儿童发展的五个阶段

有机教育　让孩子幸福的教育
●●●●●●○○

1. 儿童心理发展的"双螺线"

　　按照儿童主导活动发展阶段说,儿童心理发展的阶段性是通过"稳定期"和"转变期"的交替来实现的。儿童成长过程的大部分时间处于稳定期,但是稳定期内不易觉察的、微小的个性变化,积累到一定程度就会出现一个转变期,即儿童的活动和心理在短期内(如数月、一年)会发生深刻质变。三岁、七岁和十一—二岁就是这种转变年龄。这时儿童的行为和自我意识与其他年龄段的儿童有显著区别,如独立活动的倾向,在和成年人关系中的许多否定表现等。多数儿童在这一时期变得难教起来。但是,如果对儿童采取的教育措施适应了儿童个性的变化,那么,儿童并不一定是难教的。

　　出现转变期的原因可以用苏联心理学家列昂节夫的观点来解释,即在儿童成长的每一时期,都有一种相应的特殊活动类型,这就是主导活动。它的发展制约着儿童在该阶段的心理过程和个性心理特征的根本变化。而苏联心理学家维果茨基则认为,转变期的本质就在于前一年龄期的主导活动形式发生了变化,并从中酝酿出新的活动形式和活动动机,因而不可避免地使儿童原来的积极性减弱了。儿童掌握新的活动形式以后,将导致一个稳定发展阶段的到来。

儿童心理发展过程中出现质变,特别是大的质变,也就意味着心理发展到了一个新的阶段,从而形成了心理发展的阶段性。心理发展的每个阶段都有自己特殊的质变,阶段与阶段之间有比较明显的差别。发展虽有阶段,但阶段与阶段之间又不是截然分开的。每一阶段都是前一阶段发展的继续,同时又是下一阶段发展的开始;前一阶段中总包含后一阶段的某些特征的萌芽,而后一阶段又总带有前一阶段某些特征的痕迹。

2010年2月,全国妇联、教育部等联合颁布《全国家庭教育指导大纲》,明确将0—18岁儿童的发展分为五个年龄发展阶段,据此进行科学的指导(见图6-1)。

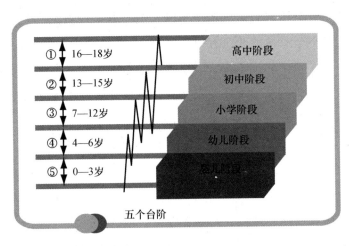

图 6-1 儿童五个不同年龄发展阶段示意图

根据《全国家庭教育指导大纲》,儿童发展的不同阶段是从以下两个方面展开的:一方面,在各阶段中主要掌握着任务、动机以及人与人的关系的准则,并在此基础上发展个性的"动机—需要"圈;另一方面,在各阶段中主要掌握社会通行的各种行为方式,并在此基础上发展智力、认识能力和操作能力。苏联儿童发展心理学家艾利康宁形象地用一个"双螺线"表示上述两个方面在儿童不同年龄阶段的相互关系,并提出心理发展周期性更替的假设:婴儿期、学前期和学龄中期主要是动机—需要等个性品质的发展时期;学前期、学龄初期和学龄晚期是以发展认识能力为主的时期。上述两个方面有规律地相互交替,在前一时期所形成的动机和需要的基础上发展认识能力。

按照儿童生理与心理发展的规律,儿童的第一黄金时期是3—6岁,第二黄金时期是7—10岁。可以说,它们是儿童发展最重要的两个时期。

2. 不同年龄段儿童的特点

(1)儿童从出生到大约3岁,是个体神经系统结构发展的重要时期,儿童的身高和体重均有显著增长;遵循由头至脚、由中心至外围、由大动作至小动作的发展原则,逐渐掌握人类行为的基本动作;语言迅速发展;表现出一定的交往倾向,乐于探索周围世界;逐步建立亲子依恋关系。

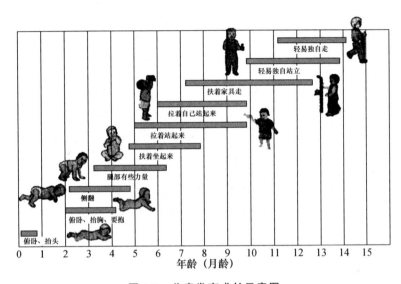

图 6-2 儿童发育成长示意图

(2) 4—6岁是儿童身心快速发展时期,具体表现在:儿童的身高、体重、大脑、神经、动作技能等方面有很大的变化;大肌肉的发展已能保证儿童从事各种简单活动;儿童的直觉行动思维相当熟练,并逐渐掌握具体形象思维;儿童的词汇量迅速增长,基本掌握各种语法结构;儿童开始表现出一定兴趣、爱好、脾气等个性倾向以及与同伴一起玩耍的倾向。

(3) 7—12岁是整个儿童期十分重要的发展阶段。该阶段的儿童身心发展特点主要体现在:儿童的身高和体重处于比较迅速的发展阶段;外部器官有了较快发展,但感知能力还不够完善;处于从以具体的形象思维为主向抽象的逻辑思维过渡阶段;情绪情感方面表现得比较外显。

(4) 13—15岁的儿童正处于告别幼稚、走向成熟的过渡

六、儿童发展的五个阶段　　127

表 6-1　儿童身心发展进程

阶段	年龄	动作与生理	认知与行为	语言与思考	社会行为与个性
婴儿期	1个月	• 不规则地活动头 • 能短暂地抬头	• 对大的声音有反应 • 会注视光源	• 能哭叫 • 开始咿呀发声	• 对陌生人无特殊反应 • 已经开始表现出不同的气质
	2个月	• 能短暂地抬头	• 视线能追随移动的物体	• 能发出和谐的声音	• 对逗弄有所反应
	4个月	• 能翻身 • 能保持头的平衡	• 能熟练地追着移动的物体看 • 能用手抓东西	• 能大笑 • 开始咿呀学语	• 可被逗笑 • 对陌生人表现出不安反应
	6个月	• 能独自靠着东西坐着 • 能扶着走1—2步	• 能用单手抓东西	• 能模仿单调的声音 • 能发出无意识的"妈妈"声	• 能记得熟人的面孔 • 能与熟人嬉戏
	12个月	• 能独自站着 • 可扶着走几步	• 能乱画线条 • 能堆叠两块积木	• 学讲单词 • 学会狗叫声	• 能自己用汤匙吃饭 • 对人开始有喜、憎的情绪反应

（续表）

阶段	年龄	动作与生理	认知与行为	语言与思考	社会行为与个性
育儿期	2岁	• 能跑，能踢东西 • 能慢慢独自上下楼梯	• 能画直线和圆圈 • 能堆四块积木	• 能说单句 • 能说桌子、椅子	• 自己能穿衣服，控制大小便 • 知道自己的名字
	3岁	• 能骑三轮车	• 能画十字 • 能辨认几种颜色	• 能背诵一段歌词	• 能自己进食 • 能和别人进行"平行性"的游戏活动
幼儿期	4岁	• 能轻快地下楼梯	• 能计数至3 • 能画三角形	• 能正确使用"上""在"等介词	• 自己洗脸刷牙 • 开始表现出自己的喜好和个性
	5岁	• 能用单脚跳	• 能计数至10 • 能画心形 • 进入"前运算阶段"，也就是能模仿曾经看到过的动作。这时的智力活动仅处于具有信号功能的表象水平，还没有发展出可逆的运算能力	• 能唱短歌	• 可参与比赛性的游戏

（续表）

阶段	年龄	动作与生理	认知与行为	语言与思考	社会行为与个性
学龄期	6—7岁	• 能做比较细致的手工	• 能找出物体之间的异同 • 能书写单字、单句 • 进入"具体运算阶段"。主要成就为：理解质量、长度、重量、体积，具有可逆性的运算能力，去自我中心化和获取他人角色的能力。能分类和排序，发展出能够进行具体运算的逻辑思维	• 开始靠自己的直接观察辨别是非	• 可上学念书，静坐听课 • 能遵守规则
	8—11岁	• 动作灵巧 • 身体快速发育成长	• 可学习并理解具体的概念 • 模仿力强 • 进入"具体运算阶段"	• 懂得举例说明事物 • 记忆力好	• 与同性朋友要好 • 与异性朋友保持距离
少年期	12—14岁	• 青春期开始 • 出现第二性征	• 可学习并了解抽象概念 • 进入"形式运算阶段"。这个阶段思维达到成人思维水平的准备阶段，思维活动已超出具体推理可感知的事物，能凭借演绎推理、规律的归纳和因素的分解来解决抽象的问题	• 懂得假设推理	• 渐渐开始对异性朋友感兴趣 • 与父母疏远，亲近同龄团体

六、儿童发展的五个阶段　129

时期,即青春期。青春期的儿童面临着生理和心理上的"巨变":各项身体指标接近于成人;性激素分泌大大增加,引起了性的萌发与成熟;感知觉能力不断提高,能有意识地调节和控制自己的注意力;逐步采用有意记忆的方法,其抽象逻辑思维日益占据主要地位;自我控制能力有了明显的发展,情感不再完全外露,但情绪还不稳定、易冲动。

(5) 16—18岁的儿童经过青春期的迅速发育后进入相对稳定时期。其身体生长主要表现在形态发育、体内器官的成熟与机能的发育、性生理成熟等方面;在认知方面,儿童认知结构的完整体系基本形成,抽象逻辑思维占据优势地位;观察力、联想能力等迅速发展;情绪情感方面以内隐、自制为主,自尊心与自卑感并存;性意识呈现身心发展不平衡的特点。

3. 关注"亲子关系"的三个时期

(1) 依恋期(0—18个月)。在婴儿出生前,母亲的子宫为他提供了一个完美的生活环境:最适宜的温度和自动的营养供给,甚至呼吸也不必自己劳神,这是婴儿生活安全而舒适的世界。但是,他在与母体分离后,就要面对一个陌生的世界:周围的空气、温度使他感到不舒服,氧气和食物需要自己获取,这一切都使他感到自己的生存受到了挑战。

如果婴儿在需要的时候能立即得到母亲的奶头和拥抱,他便觉得回到了原来安全、舒适的母体里。但是,如果他在饿的时候得不到母亲的奶头,在不舒适和不安的时候不能立即得到母亲的拥抱,他便感到了死亡的威胁。因为这时候的孩子,没有任何自我生存的能力,完全依赖于母亲的呵护,所以在这一阶段,生存是婴儿生命的全部目的,对母亲的依恋也就成为他最基本的需要,如果这一需要不能得到满足,即造成了婴儿的心理伤害。婴儿大声地哭泣便是他对死亡的恐惧的表达,而不仅仅是成人认为的一般意义上的哭闹。

当然,百分之百能满足婴儿对依恋的心理需要的母亲几乎没有。由于各种原因,即便最疼爱孩子的母亲也会有疏忽的时候,也有因忙于其他事情而不能立即满足婴儿需要的时候。另外,现实生活中也确实存在一些情感冷漠的母亲,她们对婴儿的哭声充耳不闻,她们感到婴儿是自己生活中的负担和烦恼的根源。由于婴儿对依恋的需要得不到满足而造成的伤害程度不同,形成了不同的人格类型并伴随他们终生。

(2) 分离期(18个月—3岁)。在孩子的生存环境稳定后,即生存本身已经不再是令他们时刻担心的问题之后,特别是在他们开始能够自己走路之后,周围的一切对他们来说都是新鲜的,都在等待他们去探索。他们的兴趣从如何吸引母亲的注意力逐渐地转向了周围的世界,开始要离开母亲的呵护去探索他们周围的空间了,这就是孩子的人生的第二阶段——探索阶段,或称"分离阶段"。

这时候的孩子一方面需要尝试越来越多地离开母亲身边,从而证实自己日益增长的独立性;另一方面,他们心中充满了对未知的恐惧和失去母亲呵护的害怕,因此他们同时又不断地要求得到安全感，这是个矛盾的心理要求。父亲的角色这时十分重要，父亲应当耐心地支持孩子离开母亲去探索他们周围的世界，这个世界可能是客厅、厨房、厕所、门外边，甚至是街道、公园等。父亲在带着孩子离开母亲的视野后，再逐渐地让孩子离开自己。这时候孩子行为的一个显著特点就是：兴致勃勃地从父母身边跑开，但是马上又跑回来，投入母亲的怀抱，然后即刻又离开……不断重复，不厌其烦。

这时，一个称职的母亲应该在安全的前提下尽可能地鼓励孩子"探险"，不对孩子的各种"冒险"行为横加干涉，不应该对孩子显示出的独立倾向感到不安，她明白这是孩子成长必须要走的道路。但是，她也明白孩子此时依然需要安全感和依恋，所以她总是让孩子知道：放心地走吧，等你回来时，妈妈还在这里等你，等着听你有趣的"历险记"。

我曾经在美国的一个购物中心里看到了一对找不到妈妈的小姐妹，姐姐约为五六岁，妹妹约为两三岁，妹妹惊慌地疯狂哭叫，很多顾客和工作人员都试图安慰她，让她安静下来，但是结果都不行；虽然姐姐的眼睛也是含着泪花，但却很冷静。我想，这一天的经历对妹妹的一生来说，其不良影响恐怕是不可低估的。

在这一阶段，父母的教育方式如果不当就会造就出两种不同类型的"距离儿童"：一种是孩子拒绝回到母亲身边，总是设法与母亲保持一定的距离，逃离母亲的控制；另一种则是虽然人回到母亲身边，但是情感却对母亲关闭了，即在情感上保持距离。我们常常可以见到一些孩子，他们允许妈妈抱，但同时总是把脸拧到一边,不让妈妈亲,他们最担心的是不要被妈妈控制和"吸收掉"。

(3)自我确认期(3—7岁)。3—7岁的孩子开始体验到了一个新的现实世界。他想要知道自己作为一个独立的人,与周围世界的关系究竟是怎样的。他开始了自我形成的生命历程。为此,他必须完成两件事情,它们都会在一生中影响到他与自我的关系以及与他人的关系:① 他必须在自己的内心里建立起一个稳定和持续的自我形象,以及一个稳定、持续的他人(主要指亲人)形象;② 确定对自己的能力的自我评价,从而确立自己的自信心。

在3岁之前,孩子在父母不在自己身边时会立即感到焦虑和被遗弃的恐惧。3岁以后,孩子的空间活动能力不断增强,父母不在他的身边的时间也越来越多了,但他仍像以前一样,需要安全感。于是他就开始将父母的形象装进自己的头脑里,以便使自己在离开父母身边时仍然保持与他们的精神联系,保持着心理上的安全感,就像我们把自己的亲人的相片装在钱包里,随时都可以拿出来看一样。

由于孩子开始把自己从精神上与父母区分开来,换句话说,就是开始独立了,他立即面临的一个任务就是需要逐步地建立起一个关于自己的内心形象,即"我是谁"。孩子是通过游戏来完成这一任务的。他们装扮成各种动物、人物、卡通角色,如聪明的小白羊、凶狠的大灰狼、可爱的小白兔、狡猾的狼外婆、美少女战士、灌篮高手、忍者龟等,来尝试自己是谁,自己不是谁,以及自己与其他人有什么相同,有什么不同,在各种角色中寻找自我,形成自我。最终,这些角色的特点经过自己的认同后组合成一个独特的个性特点固定下来。

　　这时的孩子表现为非常注意父母对自己所扮演的各种游戏角色的反应,希望得到父母的认同,并强烈地希望和要求自己的父母与自己一起来玩游戏。在孩子的这一成长阶段,父母与孩子共同玩游戏以及对孩子的游戏角色的反应是非常重要的,因为父母的反应决定了孩子将来的性格形成。明智的父母会鼓励孩子尝试各种各样的游戏角色,对孩子在不同的角色扮演中表现出来的不同的行为和性格都给予积极的反应:"小白兔,你跳得真好看!""大灰狼没有吃到小白兔,现在一定饿了,快来吃饭!"

　　在孩子的角色扮演得到父母的积极反应后,他会继续尝试其他的角色来看看父母的反应。父母应该说:"你不但是漂亮的美少女战士,而且是勇敢的忍者龟。"如果孩子在他的生活环境中有足够的角色和模型供他选择,而且他的选择都能得到父母的积极反应和肯定,他就会在各种角色中汲取营养,集各种特点于一身,形成一个非常丰富和高度个性化的独特人格。这时,父母应对于孩子的各种角色认同都给予积极的反应,而不是根据自己的喜好来有选择地评价、批评,忽视、禁止甚至惩罚孩子的各种尝试。

4. 幼儿期家庭教育是"根"的教育

　　俗话说:"根深才能叶茂。"如果把一个人看成逐渐成长的大树,那么幼儿期的家庭教育就是"根"的教育。很多孩子从小学、中学到大学甚至成年后的问题,追根溯源,一般都是早期教育不当或者早期没有注意到造成的。年龄越小的孩子家庭对他的影响越大,俗话说"三岁看大,七岁看老",幼儿期是一个人一生中第一个重要转折期,这一阶段的家庭教育对其一生有重要的影响。

这一阶段的孩子,有时不按父母的要求去做,不听从父母的指令,这正是幼儿身心发展的特点。心理学家认为,3岁幼儿不反抗,就不是正常儿童。事实上,现在的孩子生活在信息丰富的社会,每天都可以吸收到许多信息,对人对事都会有自己的想法,不可能一味地要求孩子服从父母的指令。父母过早地用成人的标准去要求孩子,是不符合孩子身心发展规律的,而且容易扼杀孩子的天性,使孩子从小失去最珍贵的创造性人格,这会给父母留下难以弥补的悔恨。

德国心理学家海查曾做过如下实验:他对2—5岁时有强烈反抗倾向的100名儿童与没有这种倾向的100名儿童追踪观察到青年期。结果发现,前者中有84%的人意志坚强,有主见,有独立分析、判断事物和作出决定的能力;而后者中仅有26%的人意志坚强,其余的人遇事不能作决定,不能独立承担责任。这一研究说明,反抗行为强的孩子,长大易有坚强的独立意志,而这一点正是21世纪的人才应具备的素质。

这一阶段的孩子的另一个特点是,喜欢自己动手。实际上,这是儿童潜意识里独立性的体现。然而,中国不少家长却在某种程度上以溺爱和包办代替的方式把孩子的这种可贵的天性给扼杀了。他们总是说:"孩子,我来帮你!"而犹太人则在孩子四五岁的时候,就让孩子从高处跳到父亲的怀里,然后父亲紧紧地抱住孩子,1次、2次……突然有一次父亲不抱住孩子了,孩子摔在了地上,这时父亲会告诉孩子:"请记住,除了你自己,不要相信任何人,更不要依靠任何人,一切只能靠你自己!"犹太人的独立性教育可谓用心良苦。

2011年,我主编了《全国家庭教育指导大纲解读》,其中对于幼儿期(4—6岁)儿童家庭教育指导基本要点作了如下表述:

(1)加强儿童营养保健和体育锻炼。家长应该带领儿童积极开展体育锻炼;根据儿童的个人特点,寻找科学合理而又能为儿童接受的膳食方式;科学搭配儿童饮食,做到营养均衡、种类多样、比例适当、饮食定量、调配得当;不断学习关于儿童营养的新理念、新知识。

由于大肌肉的发展,4—5岁的儿童会不知倦怠地从事各种运动,如自如地走、跑、跳,单脚跳跃,甚至跃过低矮的障碍物,在音乐的伴奏下能够按照节拍舞蹈,在跑动中超越各种障碍物,按照规则进行体育竞赛等。5—6岁的时候,儿童的小肌肉开始发展,为从事绘画、写字、泥塑等活动提供了可能性。加强儿童的心肺功能、腿部力量是增强该年龄段儿童体质健康发展的首要任务。

另外,家长应确保儿童每天有1—2小时的体育活动时间,可在节假日带儿童外出活动,在自然环境中锻炼儿童的体质;利用民间的传统游戏因地制宜地开展体育活动,全家一起参与;定期对儿童的体质发展情况进行检查。

　　幼儿期是人体生长发育的关键时期之一,所需营养成分和标准较成人更高。在这一时期,家长要注意儿童的营养保健和合理膳食。儿童对食物的喜好、饮食行为、饮食经验等,与家长的素质、观念、行为有着特别密切的关系。家长对儿童营养知识的掌握和安排会直接影响儿童的生长发育,因此家长要改变对儿童饮食放任自流、过分溺爱的做法;教育孩子少受垃圾食品广告的影响,并以身作则,在家庭中形成良好的饮食氛围。

　　家长可以针对儿童的个人特点,寻找科学合理而又能为孩子接受的膳食方案,培养孩子良好的饮食习惯。此外,家长还要通过电视、报刊、广播等,不断汲取儿童营养的新理念、新知识。

　　(2) 培养儿童良好的生活和卫生习惯。家长可与儿童一起制定儿童的家庭生活作息制度;积极运用奖励与忽视并行的方式纠正并消除儿童不良的行为方式与癖好;定期带儿童进行健康检查。

　　这一阶段,儿童的大脑皮质的兴奋和克制进程都有所增强,但克制性能还比较差。大脑兴奋性能的增强表现在觉醒的时间延长、睡眠的时间相对减少。其中,睡眠时间由3岁晚上睡12小时左右减少到6岁时晚上睡10小时左右。条件反射速度的加快、克制性能的增强表示儿童已经能较好地用言语把持自己的行动,对事情的分辨也更加精确。所以,在这一阶段,要特别重视儿童良好的个人卫生习惯的养成,包括用眼卫生、口腔卫生、饮食卫生等多方面。

儿童的视力和牙齿保健与他们的良好个人卫生习惯密切相关。幼儿时期儿童的视觉系统基本发育完全,3岁时的视力达到0.5—0.6,6岁时正常视力已达1.0。家长在家中要避免让儿童连续长时间观看电视、玩电子游戏;确保儿童的阅读活动场所有足够的照明,提醒其保持正确的阅读姿势,定期检查儿童视力并及早做好不良视力的矫正;教育儿童适当控制甜食,特别是不在临睡前吃糖,坚持饭后漱口,早晚刷牙,并学会正确的刷牙方法,养成个人良好的口腔卫生习惯。

资料表明,当前儿童的近视、肥胖等发病率呈日益攀高的趋势,而且发病年龄日趋低龄化。这些疾病主要是因不良生活及饮食习惯所导致的。所以,家长要定期带儿童进行健康检查,做到不良疾患早发现;同时,还要注意积极运用奖励的方式尽早纠正并消除儿童不良的行为方式,培养儿童良好的生活和卫生习惯。

(3)抓好安全教育,减少儿童意外伤害。家长应提高安全意识,尽可能消除居室和周边环境中的伤害性因素;以良好的榜样影响、教育、启迪儿童;结合儿童的生活和学习,在共同参与的过程中对儿童实施安全教育,提高儿童的生命意识;重视儿童的体能素质,通过活动提高其自我保护能力。

这一阶段的儿童的主要行为表现为玩游戏、学习和劳动。4—6岁儿童玩游戏的能力有了质的飞跃,可经常看懂以反映社会事件为主题的游戏;学习已能与游戏分开了,并能够根据学习的目的来支配自己的活动。

4—6岁的儿童已明确劳动的目的性,已能掌握某些简单劳动的技能和技巧。3岁儿童已知道自己的性别,但对性别能否变更尚无清晰的概念;但到了6岁,儿童就能理解一个人的性别是不会由于衣饰的转变、年纪的变更而变更的道理;由于教导的影响,他们已意识到不同性别行动上的差异。

4—6岁时,由于受动作和语言的发展水平所限,儿童的行为的目的性和计划性尚不成熟。所以,伴随着儿童生活范围的日益扩大,培养儿童的安全意识十分重要。许多报告显示:意外伤害已成为影响儿童健康成长的"第一杀手",因而亟须加强安全教育,采取安全措施保护儿童。家长在有效监护的同时,应适时适当地对儿童进行自我保护的教育,提高其自我保护的能力。

家长须掌握诸如食物中毒、烫伤、溺水等突发事件的急救措施;提高监护意识,尽可能消除环境中一切伤害性因素,结合生活实际事例,随时对儿童开展有针对性的安全教育。同时,注意培养儿童分辨是非、善恶的能力,提高自我保护意识;减少对儿童各种活动的包办代替,增加儿童接受锻炼的机会,使儿童掌握多种生存技能、提高自我保护能力。

(4)培养儿童良好的人际交往能力。家长应关注儿童日常交往行为,对儿童的交往态度、行为和技巧及时提供帮助和辅导;注意培养儿童多方面的兴趣、爱好和特长,增强儿童交往的自信心;开展角色扮演游戏,帮助儿童在家中练习社交技巧,并积极为儿童创造与同伴交往的机会,培养儿童乐于与人交往的习惯和品质。

这一阶段的儿童自我意识有所发展,已经对自我形成某种看法,比如自己是聪敏的还是笨拙的、是勤快的还是懒散的、是漂亮的还是丑陋的、是讨人喜爱的还是惹人讨厌的等。儿童的自我意识是家长、教师日常对其评价的翻版。一直受到周围人肯定的、积极评价的儿童往往会产生一种满足感并获得自信,而经常受到周围人否定的、消极评价的儿童则会产生一种自卑感、孤单感。

这一阶段是个性形成的关键时期,儿童在此阶段开始形成自己最初的个性倾向,并会在一生中都保留其痕迹,因而这一阶段在人的心理发展中具有重要作用。这一阶段儿童喜欢与同伴一起玩,玩伴的数量也随着年龄的增长而增加,但玩伴关系不稳定,经常变化。有学者曾对4—6岁儿童合作行为的发展特点进行了研究,结果表明,无论在自然还是问题情境下,知道与同伴合作共玩,或通过合作解决问题的儿童人数都逐渐增多;同时,儿童"结果归因"所占比例逐渐提高。这主要是因为,尽管儿童主要以具体形象思维为主,但随着年龄的增长,其抽象思维能力逐渐获得发展;同时,儿童自我情绪体验、观点采择和移情能力、合作游戏体验等也随着年龄的增长和社会交往经验的丰富而不断得到发展和提高。这些都为儿童认识合作的重要性,预测和判断合作的结果,特别是对于合作满足双方共同利益的认识奠定了必要的认知基础。

儿童在游戏中争吵是正常的现象,一般是为了争取玩具或者争演某个角色,或者是为了使别的孩子屈服于自己。家长们要特别关心那些动作笨拙、胆怯的孩子,通过指导尽快使他们受到玩伴的欢迎,培育他们与玩伴友爱合作、谦让、为别人着想、讲礼貌等优秀品格,并通过活动使他们学会把握自己的情绪和愿望,形成良好的个性品格,同时也打好社会交往的基础。

家长应该留意儿童在生活中的交往行为、交往水平,适时适当地对其交往技能、技巧、态度和行为进行指点、帮助。作为一种重要的社会交往活动,合作是个体社会性发展中的一个重要组成部分;而儿童时期正是个体合作能力与品质形成和发展的关键时期,此时良好同伴合作关系的建立和发展,将为儿童将来成功地适应社会生活奠定良好的基础。

(5)增强儿童的社会适应性,培养儿童的抗挫折能力。家长应该鼓励儿童以开放的心态充分展示自己,同时树立面对挫折的良好榜样;充分利用传播媒介,引导儿童学习面对挫折的方法;适时、适宜地在儿童成长过程中创设面对变化与应对挫折的生活情境与锻炼机会;在儿童遇到困难时以鼓励、疏导的方式给孩子必要的帮助与支持。

婴幼儿在言语发展、词汇的调节下,在有意行动或抑制某些行动的时候,出现了意志的最初萌芽。4—6岁的儿童,其意志行动有了进一步的发展,这表现在各种意志品质如自觉性、坚持性、自制力等开始有了比较明显的表现。

4岁儿童的自觉性、坚持性和自制力等都还很差,无论是掌握自己的行动或完成别人的委托和要求都有一定的困难。家长要注意对儿童意志力的培养,尤其是培养抗挫折能力。

抗挫折能力是一个人生存竞争和适应社会的必备条件。

挫折伴随着儿童成长的每一步。家长要为儿童创设一定的情境,给儿童提供更多的锻炼机会,如有意识地拒绝儿童的一些要求;鼓励儿童充分展示自己,增强其面对挫折的自信心。

家长应该有意识地让儿童受点苦和累,让其在各种实践活动中体验生活、经历挫折;当儿童遇到挫折时,要以肯定、鼓励的方式引导儿童,并给予其必要的帮助;给儿童树立面对挫折时的良好榜样并积极暗示儿童;充分利用现有条件,利用图画、文学作品、影视作品等传播媒介达到教育的目的。

这个时期,儿童已体验到了成年人体验到的大部分情绪。他们的情绪是外显的、缺少把持的,经常极度高涨,有时又会莫名其妙地发脾气。他们对想象中的事物如黑暗、动物、鬼怪等的害怕加剧,对嘲笑、斥责、损害等的焦虑也在增长。但是,在集体生活中,儿童的道德感得到了进一步的发展,能把别人或自己的行动与行动准则相比较,从而产生积极或消极的道德体验。

(6)丰富儿童的感性知识,激发儿童的早期智能。家长应该带领儿童关心周围事物及现象,多开展户外活动,以开阔儿童的眼界,丰富儿童的感性知识;灵活采用个别化教育手段,有针对性地鼓励儿童积极活动、主动参与、积累经验、发展潜能;改变传统的灌输、说教方式,以开放互动的方式让儿童在玩中学、在操作中探索、在游戏中成长。

5—6岁时,人脑的结构已经比较成熟,这意味着可以开始系统地学习知识了。在这个阶段,儿童的词汇量迅速增长,逐渐明确词义并有一定的概括能力,基本上掌握了各种语法结构,并可自由地与他人交谈;逐步掌握了一些高级的词,即抽象性和概括性比较大的词;词类的范围也在不断扩大,除了名词、动词、形容词等以外,对于各种关系词也能逐步掌握和应用;逐步掌握语法结构,开始掌握一些简单句,掌握了语法的基本范畴,其表达能力也从情境性语言向连贯性语言发展;从有声语言向无声语言过渡,出现了自我中心言语。

在思维发展上,儿童逐步克服直觉行动思维,并初步发展到具体形象思维。在注意力的发展方面,婴儿时期以无意注意为主,但随着年龄的增长逐渐出现了有意注意。4—6岁的儿童还会出现一种探究心理:只要是新鲜的东西,都会引起他们的注意。

由于言语的发展,儿童开始能做到使自己的行为服从成人的要求,有意注意能力得到逐步发展。当然,这时有意注意的稳定性较差,易受外界因素的干扰而分散、转移;其集中注意力的时间往往只有5分钟,所以不要轻易认为孩子得了"多动症"。

这一时期的儿童,由于活动的复杂化及第二信号系统的发展,记忆的范围进一步扩大。他们不但能记住一些直接的经验,而且还能记住一些间接的经验。这一时期儿童的记忆带有很大的无意性,但后期有意记忆逐步发展起来。

这一时期儿童的想象力总体而言是贫乏的、简单的、缺乏明确的目的,以无意想象为主,有意想象和创造性想象正在逐步发展,但不占主导地位。儿童想象的主题多变,容易从一个主题转到另一个主题;想象与现实分不开,不能把想象的事物跟现实的事物清楚地区分开来,因此也常被成人误认为"说谎";想象具有特殊的夸大性,常常并不指向某一预定的目的,而是以想象过程本身为满足,富有幻想的性质。

由于想象能活跃儿童的思维,诱发创造的情趣,有利于智力发展,因此家长应有意识地引导儿童从无意想象进入有意想象和创造性想象,并注意培养儿童表达想象的基本技能,如通过讲故事、补画面、听音乐、提问题让孩子来解决等形式来培养孩子的想象能力。

儿童早期智力开发是影响其一生的重要环节。儿童早期智力开发须符合儿童的年龄特征循序渐进,注意满足儿童的多种需要。由于儿童对世界充满着好奇,常常提出许多成人觉得很幼稚的问题,并刨根问底。

然而,有些家长却忽视了儿童的提问,对儿童的问题置之不理,甚至对儿童的提问感到厌烦,这将导致儿童不敢或不愿再提问。还有一些家长对儿童因好奇而破坏家中的玩具或物件的行为报以训斥、打骂的态度。这些观念和行为都不利于儿童的智力发展。

好奇心是求知欲的动力,是想象力的基石,是认识世界的驱动器。家长应充分开发利用家庭中丰富的智力教育资源,保护并满足儿童的好奇心和求知欲,鼓励和启发儿童提问,同时回答儿童的问题时要有启发性。如果儿童提出的问题家长也不知道答案,应如实告诉儿童,并与儿童一起寻找答案。此外,还要理性对待儿童因好奇而导致的破坏性行为,并为儿童提供科学探索的机会。

亲子游戏也是推动儿童发展的重要途径。亲子游戏不仅是建立良好亲子关系的途径,而且为儿童良好个性的培养奠定了基础。家长需充分开发游戏资源,利用各种日常用品和活动作为游戏材料和资源,积极开展家庭亲子游戏,做孩子快乐的玩伴;设计和开展亲子游戏时要考虑游戏的娱乐性、教育性,做到寓教于乐,从而帮助孩子在玩中学、学中玩;鼓励全家一起参加亲子游戏,注意亲子交流,鼓励孩子不断说出自己的想法,并适当加以引导,促进孩子智力、个性和情感等的全面健康发展。

5. 家庭应重视孩子的合作分享教育

研究显示,一个仅仅学业优异的人,未来并不一定能够获得成功,也就是说学业优异并不意味着他能开创惊天的业绩或登上事业的巅峰。世界上很多国家都把情商教育和社会实践结合在一起,形成"社会情商"的新概念。社会情商对于当前以分数与升学为导向的学校、家庭教育非常重要。

独生子女从小缺乏伙伴,缺乏合作分享教育,尤其是90后、00后的孩子,只知道如何上网聊天,现实生活中如何交友,甚至如何谈恋爱都缺乏经验。因此,家庭教育中,父母要格外重视社会情商(生存智慧)的培养与训练。开展社会情商教育,使孩子懂得社会生存法则,了解人生谋略,参与社会竞争。

要想在竞争日益激烈的社会中立足并取得成绩,仅仅依靠学习好是远远不够的,还必须具备能够适应社会的多种能力。其实,现实生活中的成功者,除了工作或学业优异外,往往都具备"良好人际关系"这个重要的特点。而人际关系的培养,很大一部分取决于其社会交往能力,孩子要成为社会人,也首先要与人交往,由此儿童社会交往能力成为诸多能力中首先和必须培养的能力。

每位家长都希望自己的孩子日后拥有出色的交往能力,那么,应该怎样去培养呢?孩子的交往技能,如分享、轮流、协商、合作等,需要家长在潜移默化中传授给孩子。下面这些建议会有助于你对孩子交往能力的培养:

(1) 婴儿刚出生:婴儿出生后没几天便能注视妈妈,还能和妈妈眼对眼地看着,并对妈妈的主动表示作出反应;非常喜欢看人的脸;对于妈妈的说话声会敏感,而且当别人伸出舌头来,他也会跟着伸舌。应让宝贝常常接触妈妈的肌肤,如多给宝贝做皮肤按摩,让宝贝的心里感到安定;回应宝贝所有的反应,以建立双向"对话"。这样,会大大地鼓励宝贝"问话"的积极性。在宝贝醒来后,可在离他耳边10厘米的地方,轻柔地呼唤他的名字,通常宝贝会非常高兴,并亲热地看着妈妈。

(2) 1—3个月:过了满月后,宝贝会通过笑、踢腿和挥手来表示烦恼、兴奋和快乐。特别是在3个月左右,他会表现出"天真快乐的反应",也就是每当他看见妈妈时,不仅会专注地看着她的脸,同时手和脚也会高兴地乱踢蹬,并想扑过去。

采取母乳喂养,可以让宝贝通过妈妈的乳房享受吃奶的快感,引发特有的天真快乐反应,促进宝贝这种最初的社会接触体验。当宝贝咿呀自语时,妈妈应主动与宝贝交流,提高宝贝发声的兴趣,并试着模仿不同口型发出不同的声音;或放送一些儿歌,让宝贝在欢乐的气氛中咿呀学唱。每次宝贝吃饱后醒着的时候,妈妈脸上要带着微笑与宝贝对视着说话,并用和蔼亲切的声音多逗引宝贝笑一笑。这种笑是宝贝博得别人尤其是妈妈喜爱的最有力手段,可表达出他与人交往的快乐。每当宝贝有这种需求时,妈妈都要积极给予回应。宝贝哭时,要注意观察他为什么而哭,尽量满足其需求,这样才能增进宝贝以后对他人的友好及信任。

(3) 4—6个月:4个月后,宝贝已经不甘寂寞了,一见妈妈就会高兴地笑。如果妈妈突然离开他,他就会哭起来。到了五六个月,宝贝看到生人就会有些紧张,会躲避,也许还会哭,不愿让生人接近,但宝贝会通过抚摸妈妈的脸表示问候。

从此时起,妈妈应注意不误时机地把一些陌生的客人介绍给宝贝,让他逐渐从心里适应与生人接近。当宝贝发出不同的声音时,妈妈要积极模仿,而且要不断地变化音高、音量,也可以故意给宝贝听一些其他的声音,如风铃声、搓纸声等。妈妈可以多和宝贝一起玩些生动有趣、能响能动的玩具,如小鸡吃米、哗啦棒、小熊打鼓等。

(4) 7—9个月:宝贝从镜子中看见自己时会微笑起来,还会拍打及亲吻镜子中的自己,自我意识开始萌芽。当他与别的宝贝在一起时,他不仅会看着人家,还会伸手去摸。到了9个月左右,他甚至会抢人家的玩具。不过,他也想和别人做游戏,而且会搂抱、亲吻家人,举起手让别人抱。

在这一阶段,要促进孩子自我意识的萌芽,可以让他多照镜子,帮助他区分出自己和他人,并学习一些简单的与人交往的动作,如挥手再见、摇头表示"不"。既然宝贝有了与人碰触的愿望,妈妈就应该尽量多给予他与自己的身体相互接触的机会,满足宝贝心理上碰触的需求。当宝贝发出"爸"或"妈"的声音时,父母要积极地答应,这样可促使他认识声音与人的沟通作用。

(5) 10—12个月:宝贝喜欢让别人笑,已经有了一些幽默感,与妈妈分别时知道要亲吻、搂抱一下。不过,有的宝贝很"自私",不让别人拿走自己的东西,如玩具;有的宝贝却很"大方",喜欢把自己的东西送给别人一起分享。有些宝贝喜欢别人逗他玩,常常报以热情的微笑。

妈妈要在宝贝做游戏时,尽量让宝贝多欢笑一些;讲故事时多讲笑话,并且要经常笑出声来赞许宝贝,促进宝贝幽默感的发展。这一阶段可以开始培养最简单的社交,比如让宝贝多和别的小朋友或不熟悉的人在一起,并教他在分别时与人挥手道别。同时,妈妈每次离开宝贝时,一定要亲吻他,回来后要向他问好。当宝贝对别人表现出"不礼貌"或"不友好"时,妈妈要表示出不满意的样子,并教他正确的做法,避免宝贝逐渐形成一些令人讨厌的毛病。如果宝贝对人很礼貌、很友好,则应该点头赞许他,拍手叫好,以强化这种表现,这样会有助于宝贝形成良好的交往能力。

(6) 12—15个月:这时候的宝贝很喜欢参加一些聚会。

六、儿童发展的五个阶段　　149

他会倾听别人的谈话,同时自己也能说一两个有意义的词,还会把玩具拿给别人玩,不过很快又会要回来。由于学会了走路,宝贝产生了探索新环境、结交新朋友的强烈愿望。但由于生活能力差,对妈妈的依赖性反而增强,妈妈一离开就哭。宝贝的独立性与依赖性正在同时增长。

可能的话,父母可以多带宝贝参加各种聚会,并且不只是让宝贝充当大人的"配角",而是应该让宝贝感到自己同参加聚会的大人一样。为了消除宝贝的陌生感和害怕心理,可以把宝贝介绍给他不认识的小朋友或不熟悉的人,并尽量让他和别人在一起。如果宝贝在3岁之前很少与其他小朋友接触,3岁以后则需很长时间才能让他习惯和其他小朋友一起玩。因此,妈妈要多带宝贝出去,让他自由自在地和其他小朋友玩耍。

(7) 15—18个月:孩子的独立性逐日增强,对妈妈干的家务活也感兴趣,甚至还能帮上一点忙。同时,他对大人也越来越感兴趣,喜欢模仿大人,还会对家人、家里的宠物、玩具娃娃表现出喜爱。

这一阶段可有意识地让孩子帮助家人做些简单的事情,比如爸爸下班回来了,帮助拿一下拖鞋,以培养宝贝助人为乐的精神。当宝贝对其他小朋友、家人或宠物表现出爱和关切时,妈妈要及时鼓励并夸奖,激发宝贝学会善于表达爱意的能力。

(8) 3岁刚入幼儿园:儿童从各自的家庭进入幼儿园,开始在一个新的环境中生活,这在他们的生活中是一个重大的转折。在集体生活中,他们失去了在家中所享有的中心地位,玩具大家一起玩,个人行动要服从集体要求,但绝大多数儿童以自我为中心,缺少与同伴友好相处的经验,缺乏合作精神的行为在集体中时有发生。在幼儿园中,孩子们之间是完全平等的。社会行为的培养需要老师和家长在日常生活中有爱心、耐心和信心,抓住每一个机会,对儿童实施教育。具体可以从以下几方面做起:

一是创设良好的家庭交往环境。在家庭中应创造一种民主平等、亲切和谐的交往氛围,以家长为中心和以孩子为中心的家庭都是不可取的。家长应当成为孩子的朋友,要让孩子敢说、爱说,有机会说话。家庭中的大小事,孩子能理解的,应该让孩子知道。适当地让孩子参与成人的某些议论,有利于树立孩子的自信心,使孩子敢于与成人交往。家庭中有关孩子的一些问题,更应该听听孩子的意见,看看孩子的想法,不要一味地由家长说了算。

二是提供更多的交往机会。家长应适当地带孩子进入自己的社交圈,让孩子到外面去串门,找小伙伴玩耍,也应该允许孩子邀请小伙伴到家里来做客。家长可以指导孩子怎样和同伴一起玩。例如,家里买了新的玩具,家长可提醒孩子请邻居家的孩子来一起玩。别的小朋友上门来玩耍,家长要讲表示欢迎的话,消除小朋友的恐惧心理,还要叫自己的孩子拿出好吃的东西,拿出好玩的东西跟小朋友分享。这样,让孩子有充分的时间和小朋友一起交往,得到更多的交往机会,体验到和同伴交往的乐趣。

三是教给孩子交往的技能。为了帮助孩子成为受同伴欢迎的人,在交往中得到快乐,家长应有意识地教给孩子一些交往的技能。

首先,培养孩子的礼貌习惯,学会尊重别人,平等待人。家长应让孩子在交往中学会使用礼貌用语,如"请""谢谢""对不起"等,告诉孩子只有懂得礼貌的人,别人才愿意和他一起玩耍,也才肯把心爱的玩具给他玩。对孩子在活动中礼貌语言用得好的时候要及时进行鼓励表扬,强化孩子的礼貌行为,形成良好的礼貌习惯。

其次,让孩子学会容忍与合作。在交往中,遇到与自己意愿相悖的事,家长应教育孩子学会忍让,与同伴友好合作,暂时克制自己的愿望,服从多数人的意见。例如,几个孩子在一起商量玩什么游戏,大家都说玩"动物园"的游戏,而自己的孩子却想玩"娃娃家"的游戏,此时,就要让孩子克制自己的愿望,和同伴们一起高高兴兴地玩"动物园"的游戏。这样才能使交往顺利进行。

再次,学习遵守集体规则。孩子们在交往时,会自己制定一些规则来约束每个人的行为,谁破坏了这些规则,谁就会受到集体的排斥。只有自觉遵守集体规则的人,才能得到大家的喜爱,也才会有更多的朋友和他一起玩。

最后,培养孩子乐于助人的品质。孩子们在交往中常常会碰到一些困难,家长不仅要鼓励孩子自己想办法解决问题,同时还应支持孩子帮助其他的小朋友克服困难,如有人摔倒了要急忙将其扶起来,有人的玩具不见了要帮着去寻找等。

要让孩子知道乐于助人的人就会有很多的朋友。

如果家长在孩子幼小的时候就有意识地鼓励他们多与人交往,并教给他们交往的技能,对孩子来说将是终身受益的。

(9) 3—6岁:在情商教育领域,我们称3—6岁的孩子为"潮湿的水泥"。这个时期孩子85%—95%的性格、理想和生活方式正在形成,他们的学习特点是模仿,需要的是充满爱的温暖环境,我们要做的就是给他们明确的指导和方法,如有规则的独立、注重习惯和规律,培养孩子的爱心、自信心、意志力、独立性、秩序感。

(10) 7—12岁:这一阶段的孩子,我们称之为"正在凝固的水泥"。孩子85%—95%的性格、理想和生活方式已经形成,他们需要的是正向巩固自我形象,树立正确的目标和价值观。如果能够教给孩子正确的管理自己情绪的技巧、与人和睦相处的方法,孩子就很容易形成自信心、爱心、意志力、竞争力、独立性、合作等良好的情商特质。因此,这一阶段孩子人格、心理塑模是十分重要的,家长要尤其注意这一点。这一阶段也有几个交往的方法:

首先,鼓励孩子大胆交往。为了保证孩子的正常学习时间,家长往往要求孩子减少和朋友的交往,虽然适度地提醒和节制是必要的,但是,如果限制过多,就会得不偿失。

其次,不要过多干涉。家长的过分保护将给孩子灌输错误的交友观念,认为"外面的世界很可怕,朋友很危险"。在给孩子创造交友机会的同时,家长不要过分干涉、保护,让孩子自己去面对和解决吧。

再次，允许孩子有异性朋友。很多家长太敏感，一看到孩子接电话或是网聊，就紧张兮兮地问："是男生还是女生？"这体现出家长的认识误区：即将步入青春期的男女生交往过多会出问题。强制不如疏导，回避不如面对，做开明的父母吧。本来是纯真的友谊，有时可能会因为家长的"怀疑"而真地发展为"恋情"。

最后，欢迎孩子带朋友回家。如果家里打扫得一尘不染，你会允许孩子带几个调皮的同学回家玩吗？恐怕你要皱眉头了。如果你同意了，虽然家被搞乱了，却成为孩子的天堂；如果你拒绝了，孩子可能会对你敬而远之。其实，尊重孩子的朋友，等于尊重自己的孩子。

七

有机教育：父母应该知道的六对关系

有机　让孩子幸福的教育
教育　●●●●●●○

1. "早期开发"与"过度教育"

现在,市面上流行这样一种观点:孩子的智力和兴趣一定要早早开发,否则儿童大脑的发育到了一定的年纪就完成了,以后再开发就晚了,其依据的理由是,脑科学家研究表明,一般人只用了大脑智力潜能的10%,尚有90%没有得到开发。成年以后,这些"脑资源"就被废弃了,致使"流水不回",仅成为平庸之人。可见人的大脑具有巨大的挖掘和利用的余地,目前人们并没有充分地利用它。因此,一定要让孩子"赢在起跑线上"。有人提出,早期教育的一项重要内容就是智力开发,关键期是0—3岁。至于4—6岁,属于学前教育,同样也属于早期教育的范畴。

客观地说,这种观点有一定的科学根据。美国教育心理学家本杰明·布鲁姆(Benjamin Bloom)曾就这个问题对近千人进行了从婴儿期到成年期的追踪研究,提出了一个重要的假设:5岁前是儿童智力发展的最佳期,多种能力在此时期出现质的飞跃。2—3岁是儿童口头语言发展的关键期,如果错过了这个时期,就难以掌握口语;4—5岁是儿童口头语言发展的第二个质变期,也是学习书面语言的关键期;2—3岁是儿童计数能力发展的关键期;2岁半—3岁是教儿童守纪律的关键期;3岁是培养儿童独立性的关键期;5—6岁是儿童数概念发展的关键期;3—5岁是儿童音乐能力发展的关键期;3—8岁是儿童学习外语的关键期。

日本学者木村久一提出了一个与布鲁姆假设相一致的"儿童潜在能力递减的法则"。如果将儿童生来所具备的智力潜能定为100,那么若从儿童出生一开始,就给予理想的早期教育,其智力潜能就能得到100%的发展;如果从5岁才开始教育,即便是很理想的教育,其智力潜能只能发挥出80%;倘若从10岁才开始进行教育,那就只有60%的智力潜能得到发展。这就是说,教育开始得越晚,儿童生来就具有的智力潜能发挥出来的比例就越少。

根据以上论断,幼儿时期是人智力发展的关键时期,这个时期儿童对一切事物特别敏感,极容易接受外界刺激的影响,如果这一时期及时加强教育,将会收到最佳效果,从而将对他们一生的发展起着十分重大的影响。

这似乎告诉我们,幼儿早期教育是多么的紧迫、多么的重要。抓住幼儿时期大脑迅速发育这个关键时期,利用脑神经的敏感性进行早期教育,尤其是智力开发,确有事半功倍的效果。如果没有对儿童进行早期教育,延误了大脑生长发育期的开发,脑组织结构就会趋于定型,潜能的开发就会受到限制,即使有优越的天赋,也无法获得良好的发展。如学音乐、美术、外语、游泳、滑冰等,都提倡早期训练才能有所成效,起步迟了就难以成才。

其实，儿童在每一阶段都有其特定的优势和劣势，表现为：一方面儿童具有完成一定典型活动的能力，另一方面又具有犯一定典型错误的倾向。儿童的智力发展不仅仅是渐进的，而且遵循一定的顺序，每个阶段之间是不可逾越、不可颠倒的，前一阶段是后一阶段发展的条件。因此，教育必须遵循这一规律。

另外，孩子的学习是有敏感期的，父母应当注意观察，当敏感期到来时，给予适当条件，不增加过多压力，不剥夺孩子学习的权利，孩子自然就会学得很好。但是，如果孩子全部的生活内容都是枯燥的学习，学习就不再是愉快的而是痛苦的，那就会导致孩子的敏感期迟迟不来甚至消失，孩子对学习就会感到很吃力。因为过早获取与认知能力不相符的知识，反而会影响孩子的脑部发育与智力开发，甚至造成想象力与创造力缺乏。过早追求成绩，也容易让孩子把旁人的关注作为荣誉，不再关注自己内心的感觉。所有的孩子生来就有强烈的好奇心，以学习为乐事，如能顺势而为，耐心引导，他就能通过欣赏、发现、创造，体验天赋带来的愉悦与自由的感受。所以，爸爸妈妈们，不用着急地逼迫孩子学习这个学习那个，应给孩子发现自己性格和兴趣的时间。

3岁确实是一个重要的分界点，是儿童形成人生基本能力的重要时期。在此基础上他们继续发展其他能力。也就是说，3岁以前儿童首先是要学做一个会吃、会睡、会走、会说的"独立人"，开始学做一个适应环境的"社会人"。3岁以后，儿童才会有意识地去接触更多知识和生活技能，也就是所谓的

"学做事"。这是由其能力发展的循序渐进性决定的,违反不得。

对于"关键期",要注意把握以下几点:

- 瞄准儿童学习的"最佳年龄",施以及时的教育
- 家长对于儿童的要求要适度,要"三因"——因人而异、因材施教、因势利导
- 要根据儿童的身体发育状况、心理发展水平、兴趣爱好,有的放矢地选择教育内容与教育方式
- 教育者应着眼于儿童整个心理结构的和谐发展

关键期使人们认识到早期教育的必要性,但不能片面夸大关键期的作用,将它绝对化。研究、重视关键期,是为了抓住对幼儿教育起决定作用的时期,进行相应的教育。如果错过这些关键期,不是说不能取得教育效果,而是会增加教育的难度。

美国著名数学家、控制论的创始人诺伯特·维纳(Nobert Wiener)3岁会读能写,14岁大学毕业,18岁通过博士论文答辩。维纳的父亲是哈佛大学斯拉夫语系的教授,13岁就会好几种语言,虽然天赋极佳,但他始终不承认自己是"神童",也不准别人称呼儿子维纳为神童,更没有提前让孩子进入哈佛大学。他经常告诫儿子:"不要急于求成,年轻时多学东西比多出成绩对你更有帮助!"人生不是五十米短跑,无所谓"输不输在起跑线上",保存学习的兴趣与好奇心,这将是孩子一直向前的动力。给孩子打好心理基础,让孩子具备生存的智慧和能力,远重要于给孩子增加尚未能抵抗的压力,催促他们

成长。

科学家对儿童脑神经的研究发现,通常而言,年龄较小的儿童比年龄较大的儿童需要更多的提示或指示性问题,在这种帮助下他们才能够回忆起与年龄较大的儿童一样多的事情,这应该被解释为儿童的"神经概念柱"构成还不完善。相反,成人难以回忆起发生于3岁或4岁以前的事情,即幼儿时期记忆缺失,也就是"三岁不记事"的说法。这可解释为幼儿时期的"神经概念柱"生成还不到位,其所依赖的"下属概念层"残缺不全,只是个生长过程中的权宜概念,早晚要被新的概念柱所淘汰掉。

儿童长大后,新的概念柱不再是"空中楼阁",已内涵丰富,这主要得益于各路逐级层概念已趋于完善。这时,各概念层也大体被框入亿万年来所进化出的大脑功能区的各范围内,其最大优点是全部概念柱形成的"连接"总路程较短,即最大化实现了与生存息息相关的反应敏捷这一品质。

4岁左右,"权宜概念柱"和权宜属性联系像是建筑工人的工棚,或是建筑中的脚手架,必然要被弃置或转化为材料归为他用。宝贵的童年记忆就是这样被抹去的。要想使儿童留住一些记忆,家长必须在儿童三四岁时的概念柱过渡期,人为地把一些事情多次灌输给他,使新旧概念有个并行期。即便如此,因为儿童新的概念属性、概念群连接已经被更换,这一阶段的记忆并不牢固。

人类的大脑是宇宙中已知的最为复杂的组织结构。人类的大脑虽然只有1.5公斤,但大脑皮层上有上百亿个神经元,整个大脑则是由上千亿个神经元组成，每个神经元通过1000—10000个突触又与数百个其他神经元相联系。儿童通过自身的成长机制与外界的刺激，神经元之间形成连接，逐渐开发与其年龄相符合的反应、技巧、能力和记忆。这些"连接"不仅仅关乎获取知识，更重要的是帮助儿童塑造个性品格，建立世界观。

在儿童成长的过程中，大脑会进行"修剪"，保存有用的"连接"，摒弃无用的部分。研究发现，人类大脑应用的平均值仅仅为其容积的10％，因此有些人力图通过早期人为的刺激来进一步开发大脑的应用。有的家长相信这样的理论，早早给孩子报了各种各样的兴趣班，为的就是不漏掉任何一种可能开发出来的"本事"。

人类大脑的自然"修剪"，是为了让人能够更加集中精力、更加具体细致地运作生活、降低可塑性和轻信度并抑制自动性反射。人类的成长是分阶段的，某些大脑的功用只是配备给某个具体的阶段，一旦那个阶段已经顺利度过，大脑会自动弃除这些功用。某项大脑功用比较发达，就会占据其他功用的空间，比如我们大多数人都是右撇子，那么控制左手功用的空间就会缩小，这不是什么坏事，而是有利于我们生存的好事。

经观察发现，八九个月大的婴儿有两项特殊的本领，一是能够辨认不同的猿类面孔，二是能够分辨出极其细微的语言发音差别。但是，这两样本事大体上过了一岁之后就消失殆尽了。科学家们分析总结出这样一个理论：辨认猿类面孔与细微发音差别,对于婴儿的生存来说没有很多益处,反而侵占了有用的空间,因此大脑自动"删除"了这些功能,以便集中精力开发对婴儿生存有益的能力。

每个人生下来都具备许多天赋和潜能,都有可能在音乐、美术、语言、舞蹈、运动、棋艺、文学、生物、科技等方面成才。但是,我们不可能发展所有的天赋和潜能,不可能成为什么都精通的全才,除非我们不睡觉了。实际上,即便我们不睡觉,也不可能有足够的时间来开发所有的潜能。

人的潜能是无限的,然而人的生命,也就是时间和精力,却是有限的,我们必须有所选择。如果我们把所有精力都投入到开发才艺上,势必会剥夺我们享受生活以及和亲友共享生命的时光,并且妨害我们最基本的健康。一个长期严重缺乏睡眠和休息的人,生命质量能有多高?一个无亲无友、空有一身本领却无暇欣赏鸟语花香的人,生命的意义又何在?

事实上,大自然也在帮助我们选择。就好比一棵果树,如果每一根小枝子都保存下来,"平均"分配营养,很有可能到最后结不了什么果,或者只能结一些小小的酸涩果子。如果修枝剪叶,保存主要的枝干,去除次要的发育不良的枝干,则成熟时期就能够结出硕果。果树需要人为的修剪,但是人脑的发育基本上要靠自然的"修剪"。人为的过度刺激和开发,往往会带来灾难性的后果。

大部分儿童在提示的条件下都能正确地完成任务,提示对3岁儿童效果不明显,对4岁以后的儿童,提示的作用却随年龄的增长而增长。事实证明,解决相应推理问题的能力在年龄较大儿童的"最近发展区"之内,而3岁儿童的"最近发展区"还达不到所要求的水平。由此可见,教学的内容应在学生的"最近发展区"内,过于超前,学生不能接受;过于滞后,则会失去开发的意义。开发儿童也是一样,首先要明确儿童当前所处的水平,依照儿童心理发展的顺序性,确定"最近发展区"。

英国有一项被称为"确保开端"的儿童健康管理计划,专门设有"0—3岁关键期计划"。纵观这项计划中提出的育儿理念,其四大指导目标——意志坚强、善于表达、学习能力强、安全健康,就非常明确地将重点集中在了生理和心理的健康、性格和人格的塑造上,而非具体才艺技能的获取。

中国主流的儿童健康管理项目也有着区分明确的0—3岁、3岁以后的培养计划。比如,在早期教育中,主要以音乐熏陶、习惯养成为主,而阅读、美学等实用技能则全部留到3岁之后。当然,每个孩子都有不同的情况,培养的关键在于因人而异。所以,有条件的家庭,可以考虑请专业机构作一个儿童发育评估,制订针对个人的培养计划。

针对现在社会上很流行的一种说法——"3岁以前是一生中智力发展的关键时期",我要提醒父母的是:3岁以前是形成人生基本能力的重要时期。3岁以前"学做人",父母应该帮孩子学做一个会吃、会睡、会走、会说的"独立人",学做一个适应环境的"社会人",让孩子有更多的机会主动探索环境,而不是强迫孩子学这学那,让他们失去天真与烂漫。

而3—6岁是人的一生中接受教育的黄金时期。这段时期的教育必须围绕如下基本学习目标——学习礼仪,培养兴趣,让孩子在玩和运动中培养独立意识,形成良好的生活习惯与个性品质。

在这个阶段,家长不应把重点放在对孩子技能、技巧的特色培训上,不要过早"定向",而是应该充分发掘儿童各方面潜能,进行养成教育。

在儿童教育过程中,家长往往容易陷入一个误区,即总是鼓励孩子克服一切困难去奋斗,"咬定青山不放松"地坚持。但是,如果忽视了科学选择这个前提,如果忽视了尊重个性这个原则,越是奋斗、越是坚持,就越有可能走向悲剧的结局。在中国的家庭教育中,存在着过于浓重的溺爱成分,这使得我们的孩子得不到磨炼品质与意志的机会与环境,但却被要求过早地参与社会竞争。

当溺爱成为中国家庭教育的主流时,另外一个问题也悄然地浮现出来,那就是我们的许多家长,往往把教育单纯地理解为智力开发,认为孩子拥有了聪明才智,就注定会大有作为,以至于许多家长只简单地将成绩单作为判断孩子的唯一标准,对在人生中起决定性作用的非智力因素缺乏认真的考虑,没有从根本上认识到它的重要性。

丹麦技术大学的一项研究发现了一些规律性的现象:与学生成绩最具相关性的因素中首要的是学习动机。一个学生的动力系统非常好,有兴趣、有热情,就容易在学校取得好的成绩。除此以外,自信心、师生关系好也是很重要的因素。

相反,学习压力大,师生关系不好,对自己缺少信心,对学校没有归属感,这样的孩子在学校的表现往往是不好的。教育给予学生的不仅仅是知识,而是应该给予学生自信心、积极性,培养他们的能力,培养他们各方面做人的优秀品质。儿童的成长一定是在这个基础上发展起来的,缺少了这些最基本的支持,仅有的那点知识是不足以支撑他们的幸福人生的。

曾有妈妈质疑,如果通过她的努力,能够让孩子多开发哪怕2%的脑力,难道不可以吗?让孩子的脑力应用多出2%,不是不可能的事情。但是,我们要衡量一下,为了这多出来的2%,我们的孩子将付出什么样的代价?开发智力是相对容易的事情,但是修复已经损毁的情商,则可能是一辈子都难以完成的。早期开发的研究"硕果"都是在两极比较之下产生的,在那些得不到任何智力方面良性刺激的儿童身上,的确会看到飞速的进步。然而,在信息社会里,过度的刺激,反而无益于儿童的发展。其实,孩子需要很多安静、独处的时候,需要时间来消化所接受的各类刺激。

如今一些进入市面的理论,缺乏长期效益的证明。比如,给婴儿听贝多芬、莫扎特,进行所谓的"早期开发"活动,的确能取得短期的"提高"智商效应,然而长期跟踪研究比较发现,这些过于功利的早期开发活动并不能证明会给儿童的长远发展带来益处。

而教育孩子,恰恰是一项长远的工程,需要我们具备远见,而不能短视。我们应仔细想想:孩子3岁时就会背唐诗、会心算口算,和他到了8岁再学会这些本事,有本质上的区别吗?

再问一个问题,一名22岁的大学毕业生,在求职信和简历上,是否会堂而皇之地写上:本人3岁即认识2000个字,会背100首唐诗,5岁会弹奏贝多芬钢琴奏鸣曲,6岁拿到围棋二段证书?

其实,聪明≠创造力。当一个小小的孩子会煞有介事地背诵唐诗宋词时,会指尖翻飞弹出高难曲段时,大家看着觉得他很可爱,会夸他"好聪明",家长也会为生出一个"聪明"的孩子而沾沾自喜。但美国儿童心理学家杰罗姆·凯根(Jerome Kagan)却说,聪明的孩子不一定富有创造性,但富有创造性的孩子大多数都很聪明。凯根博士对富有创造性儿童的定义是:能够不断总结出事物不同寻常的品质并由此发现对问题新颖的有启发性的解决方案。

2012年,教育部发布的《3—6岁儿童学习与发展指南》指出,5岁左右学龄前儿童"能通过实物操作或其他方法进行10以内的加减运算"即可。这提示学龄前儿童家长选择适合孩子的教育环境及方法是他们首先应该考虑的问题。比起过早开发智力,让孩子在品性与礼仪上得以完善、身心健康并能感知幸福更重要。

2. "关爱教育"与"挫折教育"

英国教育家斯宾塞(Herbert Spencer)曾发现"皮肤饥饿"现象,他认为:如果一个孩子长期得不到爱抚和关心,就会发育不良,智力衰退,慢慢变迟钝。这些爱抚,只有在最亲近的父母那里才能得到满足。因此,父母应该尽量多地将时间分配给孩子,在嬉戏抚摸间,为孩子提供源源不断的快乐源泉,带给孩子最宝贵的成长营养。

一些父母自己非常聪明、能干,但他们的孩子却在同龄人中显得平常,有时在学习一些新知识、新技能的时候,非但没能体现出过目不忘和快人一步的能力,有时甚至比其他孩子还要慢一拍。于是,这些父母们非常失望,感觉孩子没继承自己的优良基因。

其实,先天遗传因素固然重要,但它却不是培养聪明孩子的关键。有人认为,孩子的智商不但受到遗传基因的影响,周围环境也起着至关重要的作用,而"关爱教育"才是使孩子得到高智商的关键所在。

然而,在许多家庭中"关爱教育"往往成了"溺爱教育"。现在很多家庭,父母对孩子可谓是进行无微不至的关怀,要钱给钱,要物给物。父母的意愿虽然是很美好的,但往往事与愿违。在心理咨询中可以发现,很多青少年厌学、逃学、沉迷网络、心理问题成堆,其原因都与父母的溺爱有关联。

一位母亲曾来找我咨询,她说,她儿子的班主任打来电话,要她去学校处理她儿子的问题,原来她儿子在班上打架,之后不知去向。这位母亲对我讲,他们夫妇从没亏待过儿子,穿的是名牌,用的是名牌,凡是物质方面的要求,他们都予以满足。原以为孩子因此能读好书,未来大学毕业后找个好工作,但他们感到很失望。他们文化素质都不高,问他们平常都使用什么方法教育儿子,她笑笑,除了物质上特别关照外,也

没什么其他方法。其实,类似这样的父母还有很多,为什么呢?其原因有:

(1)父母教育知识的贫乏。一些父母年轻时没赶上好的时光,仅初中毕业就踏入社会开始工作。现在的青少年身心变化快,日趋复杂,父母的那点教育知识根本无法适应现代教育需要。他们以为,让孩子吃好、穿好、用好、嘱咐孩子好好学习,那就是教育。(2)自身阴影对孩子的影响。由于父母小时候受过重重磨难,他们希望自己的孩子能生活舒适、幸福,所以特别溺爱孩子。(3)来自周围和社会的影响。现在一般家庭都能满足孩子的物质需求,加之周围的父母都极力地满足孩子的需求,自己也不应该有什么区别。

过分溺爱孩子,很容易导致孩子出现一系列心理问题,不利于孩子今后的成长和发展。溺爱的危害表现在:

(1)孩子容易形成以自我为中心的个性。这样的孩子往往是从自己的角度和利益出发看待问题,认为自己总是对的,别人总是错的,这样的孩子在处理人际关系时一般自私自利,与人合作精神差。(2)挫折承受力差。这样的孩子从小在温室里长大,很少或从来没有经历过什么挫折,一旦遇到挫折,他们就会觉得天塌下来一般,感到前途一片漆黑,有的青少年甚至为此轻生。(3)目光短浅,不思进取。在溺爱中长大的孩子,由于很难体验到生活的艰辛,他们往往自以为是,知足而乐,一旦感到学习压力大,学习苦,他们就打退堂鼓,变得消极悲观,甚至厌学。

这些都说明溺爱不是教育。父母应多学些现代教育知识，用正确的教育观来武装自己，然后再去教育孩子，只有这样，才会使孩子健康地成长。

由于现在父母都不愿给孩子更多接受磨炼、承受失败和挫折的机会，"生了男孩怕学坏，生了女孩怕受害"，导致孩子的心理承受能力差，经受不起挫折，但意想不到的伤害天天都可能发生。过度的保护带来的是孩子的生活能力、处理问题能力缺乏。为此，有人提出，当前要加强对孩子的"挫折教育"。

"挫折教育"提出的基本观点是：在日常生活中，人们发现那些经常生点感冒发烧之类小病的人，寿命往往不见得短；倒是那些平时看起来壮得像头牛，从来都不生病的人，一旦生病就常常是恶性肿瘤之类的恶疾。这种现象在医学上已有解释，即肿瘤的发生，是机体免疫监控系统障碍导致细胞增生无度的结果。不时生点小病的人，其免疫系统经常被启动，保持相当的警惕性，一有风吹草动，立刻投入战斗。而几乎从来不生病的人由于抵抗力较强，免疫监控系统处于"刀枪入库，马放南山"状态，遭遇细胞恶性增生时来不及反应，结果一发不可收拾。

人的生理如此，心理也是如此。挫折，是每一个人成长过程中无法逃避的。一个人对抗挫折的能力，与年龄的增长有一定的关系，但更重要的是他曾经应对挫折的经历。遇小挫而胜之，可以为受挫者留下宝贵的经验，增强其应对挫折的心理承受能力。所以，经常应对小挫折的人，往往能在大挫折面前坚韧不拔，而那些毫无挫折经历的人，一次大的挫折就可能使其一蹶不振。

近年来,教育界为革"应试教育"之弊,大力推行"素质教育",并对西方教育中的"赏识教育"情有独钟。西方教育重视个体能力的发挥,尊重学生的人格和权利,但这只是问题的一面;另一方面,应对挫折的能力是个体素质的重要组成部分,因而"挫折教育"被视为学校教育不可或缺的一环。

事实上,无论是"关爱教育"还是"挫折教育",都不是固定不变的教育模式,而只能是一定的场域下、针对不同孩子进行家庭教育的具体方法之运用,谈不上"孰优孰劣"的问题。重要的是让孩子处在"家庭生活"中,而不是总是处在"家庭教育"中。要使孩子感到如鱼得水,这个"水"是真实的、自然的,而不是像金鱼缸里的水那样是人为营造的。刻意的、僵硬的家庭教育,恰恰是营造良好氛围过程中应力戒的。

"潜移默化"是家庭教育的最大特点,因此,真正起作用的家庭教育,是以自然而然、潜移默化的方式进行的。那些摆在眼前的样子和挂在嘴上的说教,反而是不和谐、不正常的环境因素。

如何才能做到潜移默化地给孩子正确的引导呢?概括地说,是要将教育孩子的科学性和原则性放在心里,用以指引方向,但不要机械照搬。家庭教育的艺术性,在于针对自己孩子的个别情况,将教育原则加以灵活运用。这种内刚(科学性与原则性)与外柔(艺术性)的结合,好似在苦药外面包裹糖衣,既收到药效又便于接受。

了解孩子,与孩子建立亲密友好的关系,是教育孩子的最佳策略。如果你不能感受孩子的感受,即使知道很多有关教育的知识,也没法明智地教育孩子,有时甚至会因为语调不对,以至于无法继续对话。而与孩子关系融洽时最易说服孩子。是"顶牛"还是"寓教于玩",是"教训"还是先体会孩子的感受再以理解的态度去说服,这里面都有一个教育艺术的问题。

因此,不要将孩子硬列入某种类型。你能给孩子的最大帮助是:站在孩子这边,让他把内在的自我充分表现出来。对孩子只能影响和引导,不能专横和强迫。陶行知先生有一次到武汉大学讲学,进教室时抱着一只鸡,听众全都感到莫名其妙,不知道先生想干什么。只见陶先生不说一句话,把鸡放在桌上,按住鸡头,掰开鸡嘴,拿一把米强行喂给鸡吃,但无论怎么喂鸡也不吃。之后,他放开鸡,让鸡在教室里自由活动,那只鸡却吃起米来。陶行知这才开始了演讲,他说教育跟喂鸡原理相同,如果强迫孩子去学,孩子往往不愿学;如果放手,孩子不但愿学,还学得很好。也就是说,在家庭教育中有两种可能的氛围:一是宽松的、"内展"型教育环境;二是严厉的、"外铄"型教育环境。"外铄"型教育不大重视孩子的意愿,较多原则性,较少艺术性。我们提倡宽松的家庭教育环境,鼓励孩子充分发展潜能,增强创造力,自主发展,形成独立的人格和个性。

在培养孩子的自律能力方面,要强化该肯定的行为,淡化那些不该肯定的行为。例如,当孩子表现出独立、果断、创造、爱心等行为时,不要忘了去强化,被强化的行为必定会重复出现。而当他表现出怯懦、发脾气、不合作、残暴、破坏性等行为时，不要去理会，使孩子从父母的态度和神情中，感受到哪些行为是不受欢迎的，感到无趣，从而引起自我调节和约束。在这样的环境中成长的孩子，有一只无形的手在扶持、指引着他。

父母在家里，有时也不妨试做一个"不完美的父母"。所谓"不完美的父母"，即自己除了是"父母"外，还是一个"人"，人总有人性和个性在生活中表现出来，有时甚至像个"大孩子"。如果我们允许孩子自由表达其感受，也该给予我们自己自由表达感受的权利。如果你感觉到自己在一味地为孩子作出牺牲，对孩子不会有什么好处。那种以为"完美的父母"只能为孩子着想的看法是错误的。

想要做个好父母，先要做一个不过分矫饰，也不勉强自己的人，保留一份"做不完美的父母"的权利，否则父母和孩子都会感到累。要想做一个不过于矫饰、不勉强自己的人，最好的方法是了解我们灵魂深处的那个"孩子"——我们孩童时代的感受。如果不是这样，我们就根本没法了解孩子，没法跟孩子沟通。

3. "女生优势"与"男孩危机"

我的朋友孙云晓教授在《拯救男孩》一书中根据对1999—2008年的数据分析指出，高考状元中男生的比例已从66.2%

下降至 39.7%,女生的比例则相应地由 33.8% 上升至 60.3%,除 2002 年出现波动以外,女生比例呈直线上升之势,增速惊人。

调查 2006—2007 年、2007—2008 年连续两年约 5 万名获得国家奖学金的大学生,结果发现女生人数均为男生的两倍左右。各个高校的校内奖学金获得者中,男生也处于显著落后的状态。不仅如此,在高校学习成绩各项指标的比较中,男生远远落后于女生,成绩排名靠前的女生多,排名靠后的男生多。

在我看来,"女生学业优势"现象并不完全表明"男孩全线的危机"。"男孩危机"更多是反映目前一些大城市中小学阶段的"男生学业危机"现象。它既是一个社会问题,同时又体现着教育性别平等和社会进步。实际上,某个时段的高考状元"阴盛阳衰"说明不了问题。即便高考状元总是"阴盛阳衰",天也塌不下来。此外,高考实际情况也并非完全是"阴盛阳衰"。

2010 年,据湖北省对高考状元的性别统计发现,"阳盛阴衰"现象依然明显:1979 年以来,该省 43 名状元的男女比例,仍然是男生偏多。43 名状元中 26 名为理科状元,男生 23 人,女生 3 人,男生占绝对优势;文科状元共有 17 人,其中男生 7 人,女生 10 人,女生略胜一筹。有趣的是,2000 年以后,12 名理科状元中,女生只有 1 人;11 名文科状元中,男生有 5 人。再看 2009 年几所名牌大学在上海的录取情况,复旦大学录取男生 422 人,女生 488 人;上海交通大学录取男生 632 人,女生 407 人;清华大学录取男生 48 人,女生 32 人;北京大学录取男生 29 人,女生 36 人。可见,以前名牌大学尤其是理工科名校,绝对是男生的天下,而现在总的趋势是,男女生"平分秋色",这是社会进步、教育公平的结果。

当然,由于东方传统文化理念里"男主外女主内"思想仍然根深蒂固,一些家长表示,"男孩危机"还未到下结论的时候。男孩子上小学甚至初中时在学业上都有些落后,这是男孩子比女孩子智力发育晚一年到一年半造成的。但是,到高中和大学后男生还是有优势的。另外,目前的评价标准仅以分数高低说明能力的强弱,并不能完全反映实际情况。

从长远来看,男性在职场上的成功还是远高于女性,领导力的优势更显著。因此,目前在养育孩子的过程中,满脑子充满危机意识的恰恰是女孩的父母们。即便是存在"女生学业优势",中国依然是传统的男权社会。以 2007 年成功发射的"嫦娥一号"为例,为其上天服务的各类专家在西昌卫星发射中心有 4000 多名,女科学家的比重仅占 1/10。

因此,我们应该理性、平静地看待女生进入大学比例上升以及女生学业成绩超越男生这一现象。即便是女生学业成绩好,也不一定代表男生成绩下降。最多表明性别差异在缩小,这是社会变化发展的总趋势。

在我看来,"阴盛阳衰"更多是表现为男女身心发育的性别差异。目前无论从常识或是实证数据,恐怕还不能得出"男孩全线的危机"的结论。除了比较男女生学业水平上的差异外,我觉得,更应关注当代青少年男女心智分化、阶段特征以及社会化发展速度、水平上的差异。

先说青少年体质问题。根据2010年"全国青少年身体素质调查"公布的数据,过去20年,中国GDP增长十几倍,中国青少年平均身高增加了1.45 cm。1985—2005年,中国青少年发育水平持续提高,并表现出生长速度加快、生长水平提高、青春期发育提前等现象,尤其是城市男女生,身高长期增长的趋势已表现为成年身高的增长。

过去二十多年,中国城镇青少年生长发育各个时期均有不同程度的提高,处于"长期趋势"中的快速增长阶段;身高、体重和胸围等指标增长水平提高明显,大大超过了"平均每10年身高增长1 cm、体重增加0.5 kg"的世界近百年平均水平。

另根据国民体质监测结果,中国男女生的柔韧性、爆发力、肌力、耐力、肺活量均呈下降趋势,城市青少年儿童身体素质下降明显。其中,城市青少年儿童耐力素质下降尤其明显。2000年与1995年比较,除男子50米跑、立定跳远和女子仰卧起坐的部分年龄组外,学生身体素质指标均呈明显的下降趋势,其中男子引体向上和男女耐力跑、立位体前屈的各年龄组下降幅度和速度都十分显著,城市学生身体素质普遍比乡村学生下降明显。而2009年,中国大、中、小学男女学生的握力和50米跑成绩,均低于近邻日本。因此,体质问题不仅仅是男生体能素质出现问题,女生同样如此。

令人欣喜的是,经过近十年的努力,2018年中国青少年的体质终于稳步回升了。特别是自2007年5月7日《中共中央、国务院关于加强青少年体育增强青少年体质的意见》(又称"中央7号文件")颁布实施之后,中国青少年在耐力、力量、速度等方面的体能素质得到了改善,营养不良的发生率明显下降。

再看青少年心理发展状况。这方面的研究资料很多,但由于不同研究设计目的、运用量表各异,得出的结论差异较大。有研究认为,男生心理发展速度超过女生;也有研究认为,女生心理比男生更成熟。在我看来,伴随后工业化社会的到来和性别意识主流化进程的加快,其实男女生心理和社会性差异是在逐步缩小,而不是相反。

接着看青少年智力的发展差异。儿童发展心理学一般认为,从胎儿起,男生在生理和心理发育上都落后于女生,直到青少年晚期,男生才能真正追赶上女生。在动作发展上,女生的精细运动技能走在男生前面。在身体发育上,女生达到成年身高的一半、进入青春期及停止发育的时间都比男生早。

在大脑和神经系统发育上,男生的大脑要花更长的时间才能够走向成熟。但也有科学家认为,人类大脑的两半球功能有差异,大脑左半球主管高级、抽象的言语思维,而右半球则主要处理空间、图像感知能力等非言语思维。男女两性的智力活动在大脑两半球的反应部位及发展与成熟的快慢是不同的。

男性的大脑右半球在6岁左右就已经变得比女性更专业化,更具优势,而女性则要到青春期才出现专门化。因此,男性抽象概括能力和空间想象能力比女性强,倾向于从全局与联系上处理矛盾,比较长于逻辑思维和空间思维。由于外在因素,女性的左半球优势被强化,逐渐倾向模仿,喜欢言语类活动,使右半球功能得不到及时开发利用。当然,这种观念只是就整体而言,并不是每一个男生、女生都符合这一特征。

脑科学研究发现,男女生群体差异要小于个体间差异。男女生认知风格上的差异,也非人们想象得那样显著。同时,男女生在记忆方面的差异不显著。林崇德等的实验证明,青少年学生思维发展上存在的性别特点有:形式逻辑思维发展水平的性别差异明显。在形式逻辑思维内部推理能力上,演绎推理较之归纳推理明显(男优于女);在逻辑法则的运用上,同一律和矛盾律较之排中律明显(女优于男)。而辩证逻辑思维三种形式的发展水平,则是同步的。因此,性别差异并不显示思维发展上的"男优女劣",而是各有发展特色。其中,在推理能力发展上,男生优于女生;在逻辑法则的运用能力上,女生则优于男生。

诺贝尔奖获得者、美国神经生理学家罗杰·斯佩里(Roger Sperry)曾就男女大脑功能差异问题做了一系列的实验,分语言性和动作性两个部分进行。结果是:在方向和位置的辨识、图形的组合等方面,男性要优于女性;而在语言表达才能、记忆力和处理人际关系上,女性要比男性强。这表明:女性建立执行语言能力的左脑优势比男性早,而男性却会较早地建立右脑优势,善于解决空间识别问题。

男女左右脑的优势各不相同,反映在智力上的差异一般有:在知性感觉上,男性视觉能力较强,尤其在空间知觉上。所以,男性在辨别方向、寻找道路和线路上要略胜一筹。女性的听觉灵敏性较好,对声音的辨别和定位要优于男性;在语言能力方面,女性在语言的流畅性、读写和拼音方面都比男性强,只是在词汇量、推理和逻辑性上稍差。在思维、记忆和想象方面,男性多偏于抽象逻辑思维,女性则多偏于具体形象思维。理解记忆和抽象记忆以男性较强,而机械记忆和形象记忆女性略占上风。

男性的想象多属于物与物的关系,倾向于逻辑性;女性的想象则偏重于人与人的关系,倾向于形象性。以上说的只是一般差异,并不是绝对的。具体到人,就更不能以此为标准了,因为理科偏抽象性和逻辑性,通常情况下学习理科男生更占优势。总之,男女在智力上是有差异的,但这并不是说谁更聪明一点,而是说在大脑左右两半球的功能方面,男女各有各的优势。

脑科学研究还证实,人的大脑潜能具有"二重性":大脑潜能既具有生物性,又具有社会性。所谓大脑潜能的生物性,是指潜能是通过遗传因素继承下来的那种关系到生存、繁衍、防范的意识和功能等方面的本能属性。所谓大脑潜能的社会性,则指大脑潜能在本能以外的条件(心理、自然、社会因素)影响下,重新选择和建构,使其不再仅仅是本能的自然流露,而发展为以个性、功能形式表现出来的人的社会属性。

综上所述,似乎可获得这样的印象与结论:(1)两性间遗传学上的生理差异虽存在但不如想象中的大。男女生群体的差异可能要小于男女生之间的个体差异。男女生之间的许多差异并不源于一个基因,而是许多基因的相互作用。(2)"女生学业优势"逐步显现,但并不直接暗示"男孩全线的危机"。(3)伴随年龄的增长,男女生性别的发展更多呈现为"各有千秋",有些领域女生占优势,有些方面男生占优势。(4)男女生心智发展速度、水平的差异,既有先赋性因素,也有后致性因素,是"生理决定"与"社会建构"共同作用、影响的结果。随着社会的进步和性别发展主流化进程的推进,男女生之间的差异正在逐步缩小。

在目前教育体制与考试制度背景下,我们所称的"男孩危机",其实更多是"男生学业劣势"现象。尤其在中小学阶段,女生在学业成绩方面总体上已处于优势状态;但到了大学阶段,男女生发展却呈现"势均力敌"和"各有千秋";而进入职场后,由于不平等的就业和社会分工制约了女生的身心发展,女生优势伴随着年龄的增长将趋于减弱,男生优势却逐渐显露,男女社会性别发展速度上的"剪刀差"现象越来越明显。这可能更符合时下中国男女生性别发展不同阶段的实际状况。

经验事实表明,在目前中国社会中,男生优势更多是在大学毕业、进入职场后才逐渐显示出来的。2007年,涵盖31个省市2113所高校1276个专业(样本80000)的"女性毕业生薪资最高的行业中男女生薪资差异比较"调查显示,同行业内薪资性别差异依然明显,即使在女性毕业生薪资最高的行业中,男性毕业生的平均薪资仍高于或远远高于女性。

据2008年中国教育统计网数据统计,截至2005年,全国普通高等院校在校女生占在校生总数47.08%,其中女硕士、女博士比例分别达到46.02%和32.57%。在相同条件下女大学生就业机会只有男大学生的87.7%,女大学生初次就业率仅为63.4%,比男大学生低8.7个百分点。有调查显示,大部分学生投入找工作的时间为正常学习时间的30%—70%,女生高于男生8.6个百分点,但结果却是男生就业率是女生的2倍。

另外,调查显示,在控制其他影响因素作用的前提下,签约单位对男生"拟付工资水平"高出女生11%。这些数字和事实都在说明同样一个问题:大学生就业过程中性别不平等的现象仍普遍存在,劳动力市场不仅没有向女大学生提供与男大学生同等数量的就业机会,而且"岗位层次"和"工资待遇"存在明显差异。

《教育蓝皮书:中国教育发展报告(2009)》曾透露:随着教育水平的提高,男性和女性平均工资差异在逐渐缩小,但依然存在。2005年,女性工资与男性工资的比值为:初中及以下文化程度的为68%,高中程度的为76%,大专程度的为80%,大学本科及以上程度的为83%。这表明低教育程度的女性面临更大的工资性别歧视,而对高教育水平的女性而言,工资性别歧视相对要小很多。

当代性别差异的研究表明,社会环境因素是可能导致性别刻板印象的决定影响变量。社会环境因素不仅通过生理成熟间接影响人的心理发展,而且还直接作用于人的心理,促进不同性别个体的社会化进程。如果说,以往过多强调"女生劣势"是性别歧视的话,那么,现在则要警惕另外一个倾向,防止"刻板印象"对男生的伤害。

为了消除当前以升学考试为中心的应试教育倾向对青少年男女成长的危害，亟待改革现行教育评价体制，建立多元评价体系。按照当代多元智能理论，世界上并不存在谁聪明谁不聪明的问题，而是存在哪一方面与怎样聪明的问题。改革现行教育评价体制，首先应从唯学业成绩评价转向多元综合评估、从以社会为中心转向以学生为中心入手，最终实现男女平等、和谐、自由而充分的发展。

由于缺乏度量素质教育的评价体系，高考成绩目前依然是衡量中学阶段学习效果的唯一标准。然而，学业成绩好并不能代表将来一定能够取得成就。2009年5月14日，中国校友会网发布《中国高考状元调查报告》，通过对恢复高考30多年里1100多名"高考状元"的研究分析显示："高考状元"毕业后职业发展较少出类拔萃，职业成就远低于社会预期。这说明，考试不等于能力评价。

当前中国考试招生制度面临的突出问题是教育与考试的关系尚未理顺，人才培养的多样性与考试单一性的矛盾越来越突出。而现在国际上人力资源评价中，光有知识不行，还要看你的能力，要看你的观察问题能力、解决问题能力、适应能力，特别是与人合作的能力，此外还要看"职场能力"。因此，未来改革，一定要尊重人的智力、个性及性别差异，关注学生的成长发展，把形成性评价与终结性评价结合起来。

传统的单一分数报告和"一考定终身"已不符合时代和教育发展的要求，应根据不同类型、不同层次教育形式的差异性需求，建立多渠道、多层次的教育考试评价模式；努力实现教育普及与提高的有机统一、精英教育与大众教育的有机统一；加快考试招生制度、评价内容和方法、考试技术服务领域等层面的改革；加快将学业能力和综合素质评价并举的探索。

在当前中国多为独生子女家庭和事实上的"应试教育"大背景下，推进性别平等与教育公平理应成为构建和谐社会的重要指示器。其实，在现实生活中，个体的性格特征是丰富的，性别教育要特别注意男女生与社会性别的"原型要求"相适应。

当今社会追求的男女平等是在尊重自然性别特征前提下的平等发展，是塑造人格的平等，而不是性别无差异的平等。不论是男孩还是女孩，都应在发挥自己性别优势的基础上，注意向异性学习，克服自己性格上的弱项，促进身心的全面发展和人格完善，这在心理学研究中叫作"双性化"发展。

"双性化人格"的特征是，既独立又合作，既果断又沉稳，既敏感又豁达，既自信又谨慎，既热情又成熟。现在不少家庭的父母，为了增加社会生存的砝码，将女孩教育得越来越"强势"，男孩则受到父母无微不至的呵护，养成了文弱、多愁善感、"娘娘腔"等性格。所以，父母对孩子需要进行更多的社会角色教育。

实施"双性化人格"教育，尤其应注意区别"中性化"与"双性化"这两个截然不同的概念。"中性化"从社会化的角度来看，它指的是社会中的个体具有性别不典型的特点，属于贝姆（Sandra Bem）提出的"未分化"类型。而"双性化"是社会中的个体以天赋的生理性别为基础同时吸收、学习、糅合异性优秀特征的发展。

前些年,《超级女声》选秀节目造就了广大青少年追捧的"中性化女孩",而近来日本漫画和韩国影视里面貌如美玉的"花样男"成为流行的"明星相",中国国内则出现"伪娘现象"。这些男孩女性化和女孩中性化都是"中性化"潮流的体现,容易造成青少年"性取向"紊乱和迷失。因此,在中国提倡"双性化人格"教育有其特殊意义。

另外,为克服"应试教育"的弊端,倡导右脑教育是有现实价值的。每个孩子身上都蕴藏着不可估量的巨大潜能。一直以来,我们的教育,都是以竞争为目标的教育。无论是学校还是家庭,均以开发左脑为主,忽视了对右脑巨大潜能的挖掘和利用。实验表明,左脑是产生对立、竞争情绪的区域,右脑则是产生和谐、关爱、平静等情绪的区域。许多较高级的功能,如具体思维能力、直觉思维能力、复杂关系的理解能力等,都集中在右脑。所以,右脑在创造性思维活动中起主要作用。严格来说,只有将左右脑都很好开发的人,才能真正算得上健康、聪明的人。如果儿童能打开右脑的记忆功能,那么其整体面貌就会发生改变。因此,家长应从小重视孩子自己动手、动脑的实验与体验,注重孩子想象、关爱、感恩、责任意识等的培养。同时,保护和尊重孩子的好奇心,以促进男女生心智平衡、合作分享和全面发展。

值得注意的是,父亲在家庭中担当了非常重要的角色,是家庭教育不可或缺的部分。父亲是孩子的良师益友,"玩"是孩子的天性,他们在玩耍中获得成功和满足,获得经验和情感,作为父亲应该放下父亲的架子,和孩子一起玩、一起乐、一起"疯",能进入孩子的想象空间,能与他一起在游戏里陶醉。这样,不仅能与孩子建立亲密和谐的亲子关系,更有利于发挥孩子活动的积极性和创造性。

比如,如果孩子喜欢玩沙子,一到海滩边,就急不可耐地挖沙坑。作为父亲,可以和孩子一起挖,虽然他会挖得满身是沙,但也会有收获,如会知道挖得越深,沙子塌陷就会越快。

另外,还可以陪孩子玩遥控车、一起做手工飞机、和他下各种棋、拼装各类机器……在这些活动中,父亲应不断地调整自己的心态,培养自己的兴趣,并不是迁就,而是享受,如果是无奈地陪孩子玩,只会让孩子和父亲一样感到无趣。

有一项"父亲与孩子的接触方式和孩子成长的关系"的调查研究,其结果表明:能够经常和父亲一起愉快地玩的孩子,具有较强的社会适应性。因为无论是益智类游戏,还是动手类游戏,或是外出旅行类游戏,都能让孩子在实践中培养思维、语言、操作、交往等能力。

建议父亲们至少每个月陪孩子外出游玩一次,路不在远近,有景就行;至少每周陪孩子玩一次,下棋、手工、拼装、滑板、打球,什么都可以,有机会的话每天或隔天就要玩一次。玩,能让父亲孩子式的天性得以释放,展现出活泼、大气的一面,更能让孩子有一种"我的老爸最棒"的自豪感,让孩子的天性得到充分发展。

4. "祖辈教养"与"亲职教育"

祖辈教养,又称"隔代教养",作为一种家庭教养方式,尤其在中国,已经成为具有鲜明"中国特色"的家庭教育文化。在社会发展的历史长河中,几代同堂、大家庭曾是传统中国家庭生活的主要形式,它作为一种自然家庭教养形式,具有代表性、合理性和一定的科学性。特别是在儿童的早期教养过程中,祖辈家长所具有的丰富教养经验和娴熟的生活技能,在儿童幼儿时期的健康、饮食等日常的护理上,比"亲职教育"更具有教养优势。

上海的一项调查显示,祖辈教养已经成为占据主流的一种家庭教育模式。祖辈与孙辈婴幼儿同住率达到76.5%,祖父母/外祖父母参与带养率达88.9%。从好的方面说,现在年轻父母在职场上竞争很厉害,祖辈家长大多刚从工作岗位上退下来。他们喜欢孙辈,有充裕的时间和精力与孩子在一起,能耐心地倾听孩子的叙述;祖辈家长具有丰富的社会阅历和人生感悟,他们认为孩子应在愉快、宽松的环境下学习与生活。

与此同时,近70%的家庭反映,祖辈教养存在问题。可见较高的祖辈教养率与对此形成鲜明对比的较高不满意率,已成为当前家庭教育中一个值得关注的问题。综观目前祖辈教养现状,存在问题的主要原因在于:

七、有机教育：父母应该知道的六对关系

首先，"独二代"背景下，祖辈重责难当。当前中国面临"独二代"的现实情况，即父辈与子辈都是独生子女，在"香火单传"的家庭结构中，对孙辈的过度呵护甚至于溺爱孩子，似乎成为祖辈家长自然的行为方式。而孩子在过度的呵护甚至于溺爱之下，习惯于在无责任和无压力的环境下生活，久而久之造成了孩子生活无目标、学习无动力，抗挫能力也大大降低，经不起生活中细小的压力，进而导致"啃老族"的出现。同时，祖辈家长担心孩子在与同辈邻里互动中出现意外，加大了对孩子自主活动的空间、时间和频度的管制，许多孩子的社交能力得不到应有的学习和发展，结果导致了孩子性格发展不良、合作能力缺乏。

其次，两代家长教养价值冲突，家庭教养矛盾突显。目前祖辈一代与父辈一代正好生长在中国社会重大变革的前后，改革开放将两代人划在了两个不同的时代，造成了面对孩子教养问题父辈与祖辈之间在教养理念和教养方法上的重大差异，而这种差异在日常的教养中则常常演变成两代家长的"教养之战"，甚至致使不少家庭产生不和睦。同时，这种家庭教养上两代家长的不一致性，往往导致孩子在日常的教养中"钻空子"，从而在一定程度上影响了孩子健康、全面成长。

最后，祖辈教养时间过长，容易造成亲子间的隔阂。在祖辈教养的家庭中，由于孩子长期跟祖辈生活，减少了亲子之间的正常交往，因此缺少了亲子情感培养的必要时间和过程。特别是幼儿期是一个人的发展过程中亲情培养的重要阶段，孩子如果长期与祖辈一起生活，很容易造成与亲生父母之间

的情感越来越疏远,这样,不仅不利于亲子关系的正常发展,对儿童的情感发展和其他方面的成长发展也是有害的。

从教育学实验观察来看,非父母教养方式对儿童性格容易造成如下影响:儿童的性格相对而言比较内向、娇弱。这类孩子一般胆小、娇气、较自私、动作发展较同龄孩子差、群体生活中自我保护能力较差,而且没有协作精神。具体表现如下:

一是老人的溺爱、迁就不利于孩子良好个性的发展。一般而言,爷爷奶奶或外公外婆对孩子都是宠爱有加,"言听计从",明知孩子的有些要求不合理,也会以"现在孩子还小,长大了自然会懂事"来自我宽慰,继而满足孩子的无理要求。长此以往,容易使孩子产生"自我中心"意识,形成自私、任性等不良个性。

二是老人的包办代替不利于孩子独立意识的培养。中国儿童心理学、儿童教育学的奠基人陈鹤琴先生说过:"凡是孩子自己能做的事,让他自己去做。"这样才能培养孩子的独立性、自理能力和责任感。而老人们带孩子,大多事必躬亲,把孩子的事情大包大揽下来,像穿衣服、系鞋带这些明明是孩子自己能够做的小事情,也不愿意放手让孩子去做。久而久之,容易助长孩子的依赖性,延缓了孩子独立意识和独立行为的发展。

三是老人的教育观念不利于培养孩子的时代精神。相当一部分老人文化程度较低,知识面较窄,思想观念相对比较陈旧,不太容易接受新事物,他们的教育观念往往与时代要求相脱节。例如,不少老人会将孩子拆卸玩具当作破坏行为而加以制止,殊不知拆卸玩具正是孩子对事物怀有强烈探究心的表现。

四是老人自身的一些特点不利于孩子身心的健康发展。儿童时期是孩子求知欲强、体力和脑力活动充沛的时期,这个阶段需要给他们合理的智力刺激和活动量。而老人大多喜静不喜动,其中部分老人身体还不是很健朗,他们更喜欢的是"乖"孩子、"听话"的孩子,并以此来要求孩子、评判孩子,习惯把孩子封闭在一个小圈子里,这样容易使孩子养成内向、不爱活动的习惯和生活方式,也不利于孩子好奇心和创造力的萌发。

那么,如何克服祖辈教养的缺点,扬长避短呢?具体指导策略有:

首先,必须承认祖辈教养作为家庭教育中的一种重要形式,有其一定的可取之处,特别是在独生子女双职工家庭中,退休后的祖辈帮助子辈承担一定时间的家庭教养,有其合理性和现实性。近年来引发社会对祖辈教养的议论和担忧的,主要集中在"怎么教养"上。因此,未来的家庭教育,应着重对祖辈家长加强如何做到"帮忙不包办、越俎不代庖"的策略指导。

其次,引导祖辈家长更新人才观和教育观。祖辈家长人生经验和社会阅历丰富,退休以后,时间、精力也较为充裕。但祖辈一代大多成长于改革开放之前,思想观念、教育方法相对比较保守,自己辛苦了一辈子,对于孙辈往往过于溺爱。因此,祖辈家长应该更新观念,与时俱进,学习新时代社会对人才发展与教育培养的目标要求，多掌握一些现代家庭教育的科学理念和方法技巧。

再次，实行"轮流教养"让儿童获得健康发展。现代年轻父母职场上的竞争压力大，在孩子学龄前，请祖辈协助教养有许多便利与好处。但这不能作为放弃亲职教育的理由，科学的教养方式是双休日多陪伴孩子，与孩子多交往，多给孩子情感上的满足、品德上的引导，这种"轮流教养"方式能够使儿童的人格发展得更健全。

最后，及时做好"学前期"的家庭教育"主角"转换。年轻的父母和长辈应共同探求、寻找亲职教育与祖辈教养的优势互补，建立优势组合，共育下一代。

5. "圈养教育"与"散养教育"

迪士尼乐园模式的成功实际上是符合儿童心理学的。它帮助儿童成为"户外儿童"（outdoor children），这是符合儿童自然天性的伟大创意。为设计迪士尼乐园的路径，世界建筑大师格罗培斯（Walter Gropius）曾经大伤脑筋。后来他突发灵感，决定"撒上草种，提前开放"。

在迪士尼乐园提前开放的半年时间里，草地被踩出许多小路，有宽有窄，优雅自然。后来，格罗培斯让人按这些踩出的痕迹铺设了人行道。1971年，在伦敦国际园林建筑艺术研讨会上，迪士尼乐园的路径设计被评为世界最佳设计。

七、有机教育：父母应该知道的六对关系

格罗培斯的成功告诉我们这样一个道理：有些事情在不知如何选择时，顺其自然，也许是最佳的选择。建筑如此，教育何尝不也是这样？

我们常说的"第十名现象"便是顺时而为的学习方法。美国前能源部部长朱棣文上学时，成绩多在第十名左右，而他哥哥朱筑文则一直保持在班级第一名，但后来朱棣文取得的成就远比他哥哥早而且多。这说明对智力的过度开发有时反而会抑制人其他方面潜能的发展。保持第一名要用掉学生太多精力，而所谓的"中考状元""高考状元"其实并不能代表什么。数学大师陈省身生前就曾为中科大少年班题词：不要考100分。

"圈养教育"会消磨掉儿童许多创造性，相反"散养"则会获得意外收获。其实，大多数学生一般考试多在70—80分，要想考取100分，则要下好几倍的努力，训练得非常熟练才能不出小错。这样孩子只能放弃许多兴趣、爱好，成为"户内儿童"，整天是"两点一线"：从家到学校，再从学校到家。外面的世界根本没时间接触，长此以往，思维就会变得很窄。"散养教育"启发我们的家庭、学校教育要尊重孩子自然成长发展的规律，要返璞归真。孩子的成长之路是一条铺向未来的路径，过多人为的设计可能不利于甚至会扭曲其个性的发展，顺其本性，不失为聪明之举。

我可举一例子说明"圈养教育"与"散养教育"的辩证关系。有一天，我家水龙头坏了，请工人来维修。我的判断是里面的橡皮垫磨损，造成水龙头无法拧紧。工人把新的橡皮垫

放入,并重新装上龙头,对我说以后关水不要拧得太紧,水正好止住就可以了。我说拧紧一些不是更好吗?工人回答:"不,拧得太紧只会使橡皮垫磨损和弹性疲劳,反而造成漏水。"我突然悟到"松"和"紧"是相对的,也是辩证的,太"松"了会漏水,太"紧"了,时间长了也会漏水。应根据实际,不"松"不"紧",才能恰如其分,恰到好处。然而,现实生活中,我们往往一厢情愿,主观臆断,总以为越"紧"越好,最后是事与愿违,适得其反。

对孩子的教育也需要不紧不松,适合才好。家长是孩子的启蒙教师,也是首席教师,家长教育孩子具有天时、地利、人和的完全优势。家长教育孩子的效果也应该与此成正比。但是,现实状况令人担忧,对于家长的意见和要求,"口是心非"者有之,阳奉阴违者有之,产生心理障碍者也有之。不是家长不好,不是孩子难教,而是家长与孩子的认识角度有差异:家长总是从未来的角度为孩子设想,而孩子则先考虑现在,再考虑未来。于是,家长剥夺孩子玩耍的权利、劳动的权利、选择的权利、课余爱好的权利等,孩子只能消极对抗。这样的教育是不是需要重新审视?

有医学研究发现:人在运动状态下会分泌一种名叫"内啡肽"(endorphin)的物质,它能促进青少年快乐成长。内啡肽也称"安多芬"或"脑内啡",是一种内成性(脑下垂体分泌)的类吗啡生物化学合成物激素。它又被称为"快感荷尔蒙"或者"年轻荷尔蒙"。它能让人感到欢愉和满足,甚至可以帮助人排遣压力和不快。不过,并非所有的运动都可以产生这种效果,内啡肽的分泌需要借助一定的运动强度和一定的运动时间才能实现。长时间、连续性的、中量至重量级的运动和深呼吸也是分泌内啡肽的条件。长时间运动把肌肉内的糖原用尽,只剩下氧气,内啡肽便会分泌出来。这些运动包括跑步、游泳、越野、滑雪、长距离划船、骑单车、举重、有氧运动舞或球类运动(如篮球、足球)。因此,长时间让孩子坐着不动,整天看书、做作业,效果适得其反。

当你的孩子在大自然状态下自由运动一段时间后,他的大脑会分泌"β-内啡肽"的良性激素,能使人兴奋的作用程度数倍于吗啡,将令人感觉快乐和舒适。因此,家长在平时的教育中,应尽可能不要人为地将孩子"圈养"起来,而应让他们到大自然中去,尽情地玩耍,自由呼吸新鲜空气,为孩子创造"散养"和获得体验自然的机会。这将极大地有利于孩子内啡肽的分泌,从而激发他们的愉悦感和学习热情。当孩子找到了积极循环的感觉并巩固住了这种感觉,学习就会形成良性的循环。

当然,也有家长不这样想,总以为孩子还小,不懂事,自己过的桥比孩子走的路还要多,喜欢以自己的思考来代替孩子作决定,结果很容易引起孩子的逆反心理,觉得读书没有乐趣,对大人的话很厌烦,学习自然就没了动力。有些家长不顾孩子的兴趣爱好和个性特长,硬为孩子做主,还会导致令人痛心的结果。

其实,对孩子的成长究竟是多多干涉还是顺应自然,先哲们早已经给出了答案。老子说:"顺自然而行,不造不施。"洛克指出,教育就是在人身上培养一些合乎人的天性的能力。卢梭认为,教育必须顺其自然,也就是顺其天性而为,否则必然产生本性"断伤"的结果。

古希腊斯巴达人的教育过于注重眼前功利,轻视人本身,实行工具化、军体式教育,扭曲人的天性,让人不自由地单一发展。除了战争史,他们几乎没给人类留下什么文化遗产。

雅典人的教育重视人本身,实行人性化、人道式教育,适应人的天性和精神追求,让人自由全面地发展。亚里士多德就明确提出了"自由教育"理论。得益于教育夯实的坚实基础,雅典既强又盛,成为古希腊的经济文化中心,养育出苏格拉底、柏拉图、亚里士多德等众多伟大的人物。

当然,我们强调孩子的成长要顺应其天性,不是说对孩子的成长可以不闻不问、放任自流,在孩子的成长过程中,家长给以适当的引导和指点是完全应该的,但孩子是自己成长的主体,在其成长历程中,我们没有必要施以过多的设计、干预甚至扭曲。孩子的身心基础、智能结构、思维方式、生活背景各有不同,顺乎自然,其人生之路的宽窄、曲直、走向自会如迪士尼乐园的路径那样,优雅自在,通向成功。

6. "美国虎妈"与"中国茄妈"

2011年年初,美国《华尔街日报》一篇题为"为什么中国妈妈更胜一筹?"的文章引起轰动,文章作者蔡美儿迅速成为英美媒体追逐报道的焦点人物,其在英美媒体和网络掀起的一场中美家长育儿方法差异的大讨论十分热烈。《时代》《纽约时报》等美国主流媒体都参与了这场讨论。

蔡美儿是华裔第二代美国移民,是美国耶鲁大学法学院教授。《华尔街日报》刊登的蔡美儿的文章是其著作《虎妈战歌》的节选部分。文章介绍了蔡美儿如何采用严厉的方法教育两个女儿。网站读者投票显示,60.7%的美国读者认同严厉的东方家庭教育方式。

《虎妈战歌》出版后,引起巨大反响,《华尔街日报》网站就有4000多篇评论,社交网站Facebook上也出现了大约10万篇评论。蔡美儿也收到了成千上万封信件,有人认为她讲得有道理,分享她有力、坚定的答案,但有人表示她已接近"虐待"女儿了。

2012年1月14日,蔡美儿在《华尔街日报》评论版答复读者说,关于教育子女,有多少家庭就有多少答案。她这种教育方式如果运用得当,绝对可以成功。所谓运用得当,是指父母必须用爱心、了解和参与,配合对子女的高度期望。这是父母教她的,她也希望传授给女儿。

蔡美儿十大"家规"

(1) 不准夜不归宿。
(2) 不准参加学校的小组娱乐活动。
(3) 不准参加校园演出。
(4) 不准抱怨没有参加校园演出。

（5）不准看电视或玩电子游戏。
（6）不准擅自选择课外活动。
（7）不准有科目低于A。
（8）除了体育与话剧外，其他科目不准拿不到第一。
（9）不准练习钢琴及小提琴以外的乐器。
（10）不准不练习钢琴及小提琴。

在蔡美儿看来，成功的秘诀就是一再反复地练习，这样才能做到技能精通，然后人才会有自信心。但是，人都会本能地偷懒，因而只有在父母监督下的严格教育，才可能培养出优秀的下一代。所以，她在书中说，西方教育方式下的孩子每天练习小提琴半个小时就结束了，但作为华人母亲，她的孩子每天至少要练习三个小时才行。至于孩子在学习的过程中是否会有快乐的感觉，她认为并不重要。

蔡美儿认为，快乐的感觉来源于高超的技艺，而不是自由和放纵，而要达到技艺炉火纯青的境界，家长就必须严厉，孩子就必须能够"吃苦"。而"eat bitterness"（吃苦）正是现代西方教育方式所缺乏的，这也就是中国传统教育方式优于西方模式的地方。她甚至认为迪士尼电影中常见的一群孩子奔向大海的场面很没有意义，远没有参加比赛得奖的画面对孩子更有引导价值。

不少美国人也认同蔡美儿的家庭教育方法。他们说，如果美国妈妈们继续纵容懒惰、毫无自律却总是期待被赞誉的下一代，不难想象终有一天美国要在全球的竞赛中被中国击败。

在中国妈妈将子女送往美国,期望他们接受"美国式教育"之时,大洋彼岸却在讨论、学习"中国式教育"的成功之处。美国教育界也开始反思:20世纪70年代美国教育的"自尊运动",是否导致美国青少年民主、自由已过了头?这样下去,是否会使美国的全球竞争力下降?

当然,蔡美儿看起来很成功的教育方式,在美国社会中也遭遇到了一片嘘声。根据媒体的报道,美国多数家长无法接受她的思维方式和教育方法。因为蔡美儿曾经威胁自己的女儿,如果不能按时完成一些指定乐谱的练习,所有的玩具就会被捐赠给慈善组织。任何时候,如果女儿表现不佳,她都会毫不犹豫地使用诸如"你是垃圾"一类的语言来教训孩子。如果看见孩子贪恋食物,她也会毫不客气地训斥"你已经够肥的了"。

最令美国人无法接受的,就是蔡美儿曾经有一次在生日聚餐中,直接拒绝了女儿送给她的生日礼物,因为在她看来,那是一件不够"完美"的手工制作。在很多美国人看来,这并不是教育方式的高下问题,根本就是"虐待儿童"。蔡美儿声称,她已经收到了很多信件,对她的教育方式表示了严厉的谴责,甚至还有人对她发出了生命威胁,有知名媒体干脆直呼她为"疯子"。

美国社会大众对于蔡美儿的思维方式和教育方式产生强烈负面反应是不难理解的。蔡美儿与其美国丈夫同为耶鲁大学法学院教授,其姐妹中有一人是斯坦福大学教授,而最早移民美国的父亲,曾经是加州大学伯克利分校教授。从小在社会精英家庭中成长,她自然会养成一种社会精英的心态,对于自己的子女当然也会按照自己的精英路线来培养,不会允许她们自行其是。

严格家教的华人传统教育方式,来自她的父亲,一位从来不允许女儿做第二名的严厉学者。而在其他持反对、怀疑态度的美国人一方,由于自由主义的传统,不仅要尊重孩子的个人选择,同时也认为个人自由才是创造力的来源,自然就不会认同这种父母包办的人才培养方式,更不要说采取威吓、强迫的手段了。

蔡美儿的教育方式,表面上看起来似乎卓有成效。正如蔡美儿在接受《时代》记者采访时说,她的孩子们在接受了这种教育之后,相比于其他同龄人,具有各种别人无法企及的成就,将会比较容易在社会上获得一个好的位置(good spot)。毫无疑问,这也是很多赞同这种严管加灌输教育方式家长的共同想法。然而,如果把眼光放得长远一些就会明白,她这种所谓中国传统的教育模式,在培养家庭精英后代的同时,也正好回答了一个重要的问题:美国有许多的华裔科学家、工程师、艺术家,如果按照人口比例计算,可谓是人才辈出了,但华人在美国始终处于种族边缘地带,尤其在政治上一直是一个无足轻重的族群,缺少足够的发言权。

亚洲移民在美国的一个常见特点,就是本能地缺乏归属感和安全感,因而通过学习并精通一门技术,在社会中取得一席之地,始终是亚洲移民中一种主流的思维。即便作为出生在美国的二代移民,蔡美儿仍然有着很强的外来者本能。

七、有机教育：父母应该知道的六对关系

更重要的是，蔡美儿的教育方式反映出华人社会里一种重视个人前途却漠视社会的文化传统。在蔡家的成功秘籍里，没有任何的社会参与意识，只有自身发展，这与美国主流社会鼓励年轻人社会参与的文化完全相左。这也就是华裔精英在美国都是"星星点灯"，而不能成大气候的根本原因所在。

近些年来，由于来自中国和印度的技术移民人口大量增加，在美国的学校中出现了一种前所未有的现象：课业表现优异的亚裔学生占据了各种领奖台，很多竞争激烈的知名高校，甚至不得不对录取人口种族按比例进行限制，来避免出现亚裔学生太多，而破坏了各个种族教育权利均等的法律原则的现象。在这样的背景之下，蔡美儿的一些观点和做法引起了很多其他种族家长对自己子女教育方式的忧虑，不知道自己应该如何是好，很多人都纷纷求教于教育专家。

有不少知识分子甚至悲观地认为，整个西方教育方式已经无法与东方模式竞争，他们的下一代也将无法与中国人和印度人竞争。但持不同观点的人士提出，为什么像中国、印度这样的国家，每年培养出来的理工科学生和现有的工程师数量上远远超过美国，但几十年下来，始终只能在技术上跟着美国跑，创新能力完全不能和人才储备成比例，几乎所有的技术创新都是在美国最早出现的？

很多人应该还记得在1978年风光一时的中科大少年班。然而，几十年过去了，当年的天才少年们基本都已经从社会公众的视野中完全消失了，据说多数在国外定居了。剩下少数还可以被看到的，有些做了企业高管，有些则精神出了问题。

似乎并没有人走上所谓"向科学进军"之路，进而成为当代中国科学界的领军人物。

2010年，经济合作与发展组织（OECD）发布国际学生评估项目（PISA）测评结果，上海学生在阅读素养、数学素养和科学素养三方面均排首位，引起国际上关于国家竞争力的争论。但是，来自北京的教育专家们承认，这实际上没有什么可高兴的，考试并不能全面说明问题，关键还要看学生学得是否开心，学习动力是否自觉，更要评估取得好成绩背后的代价——投入的时间、精力与产出之间的关系。另外，PISA测试显示，中国学生在创造性方面是倒数第一位。许多国际竞赛也发现，中国学生在创新能力和合作能力上，还无法与欧美学生相比。

一百多年前，一位德国社会学家在对比了中国与英国的国情之后，曾说过大意是这样的一段话：中国之所以不能像英国一样成为最先进的国家，原因之一，就在于中国人的家庭结构始终是一种从上到下的压制模式，长辈处于家庭权威的最高层，而最富有创新精神的年轻人基本没有自我的空间，只能无条件地顺从长辈的意志，进而整个国家也是处于同样的管理结构之中，结果民族整体缺乏创新与活力，最终造成了整个社会的发展停滞不前。从蔡美儿的教育模式和国内的现实可以看出，这样的传统直到今天仍然在相当程度上塑造、主导着华人社会，无论是海内还是海外。

如今蔡美儿的两个女儿已经长大，她们被教育成什么样了呢？在蔡美儿的严格教育下，大女儿考入哈佛大学读本科，之后去耶鲁大学读研究生；二女儿也考上了哈佛大学。两个女儿都非常感激蔡美儿，说如果没有妈妈，也就没有她们现今的一切。

当然，也有人认为"虎妈式教育"是对儿童的精神虐待。十年前，一篇题为《美国高中"中国妈妈"为何成了贬义词？》的文章在网上引发热议，文章说，在美国高中校园，尤其是在华裔学生集中的高中流行"中国妈妈"一词。在华裔学生眼中，中国妈妈爱攀比，总爱比这比那。人家的孩子学钢琴，中国妈妈的孩子也要学；人家孩子考上哈佛、耶鲁，中国妈妈也会这样要求自己的孩子。在对孩子的教育上，中国妈妈永远以别人为标杆。

文章指出，在美国高中生眼中，华裔家庭的孩子缺少独立性和自主性，什么事都是妈妈说了算。妈妈像只老母鸡，孩子如同小鸡，总要靠母鸡的翅膀来保护。"中国妈妈"在美国学生口中成了一句讽刺语，这令不少华裔学生感到烦恼，不少华裔学生家长感到委屈，认为中国妈妈是世界上最伟大的妈妈。

中国妈妈爱攀比，什么事都为孩子做主，这是不争的事实。教育专家们一直提倡对孩子要搞赏识教育，可中国妈妈总会不知不觉地忘记这一点，不由自主地陷入攀比的漩涡。例如，在一次中美学生篮球赛中，中国孩子投10个球进了9个，中国妈妈没多大高兴劲，因为还有一个没投进；而美国孩子投10个球只进了一个，美国妈妈却高兴得不得了，大力称赞自己的孩子真棒。美国妈妈的理由是，投10个球进一个球，总比一个都不进要强吧，所以值得称赞。而中国妈妈对孩子似乎没有满足的时候。

在"美国虎妈"的家庭教育方式风靡之时,国内也有不少家长在重新反思我们的家庭教育。许多父母总是以为,要想让孩子成才,必须从小抓起,于是对孩子进行早教、让孩子读奥数、择名校成了许多父母最为操心的事。而上海一位母亲却并未这么做,但她的孩子依然聪明,成绩也很好。据上海热线2009年11月22日报道,上海"番茄妈妈"许铭自2001年怀孕时起一直在网上写日记,字数累计百万以上。她先后将日记贴于摇篮网、篱笆网等育儿论坛,每写一篇都会引起众人跟帖和转载。许铭在上海一家证券公司工作,"番茄"是她儿子的昵称,网友则亲切地叫她"茄妈"。

在培养孩子的问题上,"番茄妈妈"走的是一条与众不同的路,可以说几乎有点另类:她不给孩子进行早教、不让孩子读奥数、不择名校……这让许多父母心生疑惑,毕竟早教、读奥数、择名校等是目前社会在孩子教育上比较公认的培养孩子的模式,抛开这些,还如何来谈孩子的教育呢?

对此,"番茄妈妈"回答道:"读不读名校不是问题,关键是孩子学得快不快乐,有没有兴趣。"在她看来,许多家长在孩子教育上存在误区,他们只关注孩子的学习成绩,很少关注孩子是不是快乐,而注重孩子的快乐,任孩子自由发展是"番茄妈妈"最为看重的教育理念。事实证明,"番茄妈妈"的教育方法在孩子身上产生了积极、良好的效果,虽然孩子没有上一流幼儿园、一流小学,但让孩子快乐学习后,孩子不仅聪明,而且学习成绩很好。下面让我们来看一看"番茄妈妈"自己写下的

七、有机教育：父母应该知道的六对关系

"育儿经"：

　　转眼，番茄宝宝就满两岁了，小孩子长得真快啊。两岁，是一个很重要的时间段，它意味着我的小番茄马上就不再仅仅是妈妈的小番茄，而将成为一个社会人了。去幼儿园托班报好名回来，茄爸就总是非常感慨地看着无忧无虑的小人儿在那捣蛋，然后叹息地说："现在他是多么快乐啊，可从进幼儿园开始就要生活在一个充满竞争与压力的环境中了，是不是太早了呢？"然后茄爸便会同我一起探讨该把儿子培养成一个什么样的人。经过几天的讨论，我的观点越来越清晰了。

　　我的终极目标是希望小番茄能成为一个快乐的人，他的一生都能够快快乐乐、健健康康、平平安安、开开心心，这是我的"十六字方针"。为达到以上终极目标，于是我又制定了若干小目标：

　　第一，我不会想方设法让番茄进一流幼儿园、一流小学，在初中之前，一切都任他自由发展，该对口进什么学校就进什么学校。因为我认为童年也好，成年也罢，都是人生的一个组成部分，最听不得那句"现在的辛苦是在为将来的幸福生活打基础"，同是人生的一段时光，谁也不该因为是什么的基础就必须舍弃应有的快乐。而进了所谓的一类学校，就意味着较重的课业负担，较辛苦而复杂的学习，意味着他必须舍弃许多童年、少年应有的无忧与快乐。如果你不愿放弃这些，那么方方面面的压力与挫

折感将围绕着小番茄。我并不是说人生不能受挫,但至少不应该在这么小的时候就不断地受挫,这是我的亲身体会。

第二,还是希望番茄小朋友能顺利进入中学、大学,完成这些人生最基本的教育历程。我觉得,人生应该经历的东西不要轻易舍弃。我希望番茄长大后是一个普普通通的人,而普通人的生活就应该是循规蹈矩的。同理,我也绝对不会让他去跳级或是进什么少年大学班,哪怕再有天赋也不行,我要小番茄与大多数同龄人拥有相似的经历,只有比别人快乐,不会比别人辛苦。

第三,在为人方面,我相信小朋友能够做一个正直的人,"穷则独善其身,达则兼济天下"。成年之后是一个可以自食其力的人,有着正当的职业,能享受拥有的一切。至于感情,我只希望小番茄能在适当的年纪作出适当的选择,什么样的岁数做什么样的事情,并能为自己的所作所为负责。

第四,有鉴于小番茄同志生性比较胆小而敏感,我希望他长大以后能开朗一些,活泼一些。就像现在一样,可以从生活中点点滴滴的小事找到无穷无尽的乐趣。无论是顺境还是逆境,都把它们视为人生中的一种经历与积累。拥有让自己开心的能力,这是最大的财富。

第五,我希望番茄小朋友不要从事体育方面的工作,不要以音、体、美中任何一样为生。没错,音乐可以陶冶情操,体育能强健体魄,美术能提高修养,但是这些都只是人生的一部分,最好不要将它变成大部分。因为现今社会,事实上就是搞体育的人必须在幼年就放弃许多别的东西。而音乐与美术是需要天赋的,这天赋差了,你再努力也只能成"匠"材,白浪费了大好时光……希望儿子对任何事物都可以学习、钻研,但都不要走火入魔,仅此而已。

第六,也是最重要的,那就是永远健健康康,无论是身体还是心理,都是如此。有健康才有快乐,这是众所周知的道理。

我把这些思想整理成文后,家中的其他人都诧异于我的心平气和,或是说"要求如此之低"!可我觉得规划这些已经足够了,都说现代社会两年就是一条代沟,那么我与番茄之间已经横了十五条这样的沟!我们彼此都无法跨越,只能寻找沟通点来争取最大限度的包容。所以,我不能也不可能越俎代庖番茄的人生,不如只列下这些心理的底线,那样我们双方都会过得快乐一些。

从上面"番茄妈妈"的自述可以看出,这位妈妈在教育子女上能够既让孩子快快乐乐、健健康康,同时孩子的学习也没有落下。"番茄妈妈"的做法给我们如下启示:

启示一:不强求不等于放弃教育。在摇篮网上,我们总能看到许多好心家长提醒"番茄妈妈":你的教育是否太"心平气和"?孩子太小,如果不"逼",怎么成长?"番茄妈妈"说,她的

"随遇而安",并不代表一味纵容。引导孩子,看你怎样给他出选择题。儿子读一年级时,一天回家对"番茄妈妈"说:"妈妈,我生词都会写了,今天半小时家庭默写作业就免了吧。""番茄妈妈"检查儿子作业,确定他生词掌握后问:"星期天和小朋友踢足球,开心吗?""开心。""我们把它写下来,好不好?"孩子爽快答应了。

还有几次,"番茄妈妈"看见儿子写作文都是"数格子",凑字数,边写边嚷:"写作文写不长,太头疼了。"但偶尔一次,她看见儿子写的《喜羊羊与灰太狼》续集却十分出彩。"写作文最好是先培养写作兴趣,有写的欲望也就不会急于凑字数了。"一次,儿子英语小测验考了86分,老师在试卷上批注"大退步"。"番茄妈妈"想,这次大滑落一定有原因,查看试卷后发现儿子主要错在一个语法上。翻开课本,那一课页面几乎是崭新的,什么笔记也没有,儿子上课"开小差"了。

"番茄妈妈"和丈夫商量后决定每天晚上对儿子的课本、作业一一作检查,丈夫扮演"小博士",和儿子进行英语对话,纠正语法错误。"番茄妈妈"开玩笑说,经过近三个星期的"严打整风",一向嬉皮笑脸的儿子认真了起来,学习成绩很快提高了。随后儿子又露出顽皮本性,和她谈条件。

启示二:教育孩子应从实际出发,不人云亦云,不按照大多数人教育儿女的方法来教育自己的孩子。这就是我们所说的因材施教,这样才能培养出出色的人才。具体来说,注重培养孩子的兴趣,不盲目地跟风上好的学校,不强求孩子做不愿意做的事情。但是,这些并不代表没有目标地做,而是在综合考虑各个方面之后作出的选择。

启示三:对学校教育的终极目的需重新反思。教育的终极目的究竟是什么?这在教育界至今仍然是一个悬而未决并颇具争议的焦点问题。比如,历来的一种观点认为,教育具有指导就业及为社会培养人才的重要目的。更多的人还认为,教育对政治、经济和社会的发展起促进作用。于是,对人的评价标准出现了偏差。

从上述美国"虎妈式教育"与中国"番茄妈妈式教育"的比较中,我们会发现:第一,任何一种家庭教育模式都不是绝对好或者绝对不好。在我看来,"适合你自己孩子"的教育才是最好的教育。第二,每一个"原生家庭"关系、结构都是不同的,适合A家庭的养育孩子的模式不一定适合B家庭,因此,家长应不断发现自己孩子的优势、劣势,在陪伴过程中发现孩子的成长潜能,因势利导,进行培养,这才是最好的方法。第三,西方教育与东方教育在理念、方法、策略上各有千秋,各有特点,我们应根据孩子内在的成长节奏、思维模式进行家庭教育指导,避免简单模仿、移植。

一般而言,学校奉行的都是以培养社会所需要的合格人才为己任的"工具主义"价值观。但是,要避免与克服将教育的目的与功利性的东西挂起钩来。教育最本质的属性是对人格的塑造和人性的完善,对人文精神的弘扬及道德素质的培养。现在到了需要认真反思的时候了。2019年,在全国教育工作会议上,教育部部长陈宝生首次提到了家庭教育。他引述习近平主席关于"注重家庭、注重家教、注重家风"的著名论断,指出2019年要将家庭教育纳入基本公共服务体系,实质上就是要将家庭教育纳入政府的工作职能,形成政府、家庭、学校、社会联动的家庭教育工作体系。这反映了家庭教育的根本任务是培养孩子全面发展、健康成长,同时也表明教育将重新回归教育的本质。

八

有机教育的七大法则与策略

有机
教育　让孩子幸福的教育

1. 让孩子体验行为的"自然后果"

现在的家长对孩子是十分娇惯的,孩子要什么就给什么。比如,孩子看上一个玩具,家长不买他就不走,最后家长没办法只能给买了。于是孩子就有了这样的心理,只要他坚持家长就会让步。我在给儿子买东西前,会分析他要的东西是否合理,如果不合理就坚决不买,如果合理也不能轻而易举地给他买,必须让孩子完成一项任务才行。

这里有个真实的故事很能说明"交换法则"在家庭教育中的具体作用。1922年7月4日,美国国庆日。一个11岁的美国男孩搞到了被禁用的烟花爆竹,其中一种威力特大的爆竹叫"鱼雷"。一天下午,他到一座桥边,朝桥边的砖墙放了一个"鱼雷"。一声巨响,引来了警察,把他带到了警察局。因违反禁令,这个孩子被罚款14.5美元。14.5美元在当时是一笔不小的数目。这个孩子没办法,回家找爸爸。爸爸问:"'鱼雷'是你放的吗?"孩子说:"是。"爸爸说:"罚款我先替你交上,但这钱是我借给你的,一年后还。"在接下来的一年里,这个孩子擦皮鞋、送报纸,通过打工挣钱,挣回了14.5美元还给了父亲。

这个孩子长大后成了美国的总统，他就是里根。这是他在回忆录中写到的一个故事，他说正是通过这样一件事让他懂得了什么是责任，那就是为自己的过失负责。教育孩子，究竟是惩罚还是不惩罚？上面的案例已经给了我们最好的回答。

再举一例，我有一位在美国的朋友，他女儿上学时，班上的孩子每人都有一台笔记本电脑。他家虽然有台式电脑，但是用笔记本电脑会比较方便，而且家里也不缺钱，不给她买也不对。我朋友就说："爸爸一定给你买，但是你要知道，这个世界上没有白白得来的东西，你现在已经是一个大孩子了，需要付出劳动才能得到想要的东西。如果你能背诵下来30篇新东方的英文励志文章，爸爸就给你买。"结果两个星期不到，孩子就将30篇文章背得滚瓜烂熟了，我朋友就给她买了一台笔记本电脑。这样的教育方式让孩子懂得了付出才能得到的道理，也把孩子喜欢的东西变成她做另外一件事的动力。

美国儿童教育家海姆·G.吉诺特曾说，惩罚不能阻止不良行为，它只能使罪犯在犯罪时变得更加小心，更加巧妙地掩饰罪行，更有技巧而不被察觉。孩子遭受惩罚时，他会暗下决心以后要小心，而不是要诚实和负责。

在孩子偶尔犯错误时，我们听到最多的是家长对孩子的训斥，"单打""混合双打"也不少见。这些惩罚的后果是什么呢？孩子表面上诚惶诚恐，内心深处对自己的错误行为却可能根本没有反省，更不会去思考该如何改正自己的错误行为，甚至有些极端的孩子会想办法赶快逃离家庭，逃离家长的管束。

可见,惩罚并不能解决问题,反而影响了孩子对自己行为的反思。所以,当孩子犯错误时,父母要做的应该是引导而不是惩罚。不过,家长们会担忧:孩子出现问题的时候,如何让他们承受行为的自然后果?换句话说,我们该用什么来代替惩罚呢?下面一些方法或许会有用:

第一,告诉孩子你的感受。当孩子犯错误时,家长不要急于粗暴地惩罚,因为这时家长是很难保持冷静的,冲动地对孩子进行惩罚效果只会适得其反。你可以向孩子说出自己此刻的感受,让孩子知道你对他刚才行为的不满。比如,告诉孩子"我现在心情不好""我很不高兴你的做法""我不喜欢你这样没礼貌""你的表现很让我伤心"等。这样做,一是让自己平静下来,二是让孩子知道你生气了,三是给孩子反思自己错误行为的机会和时间。

第二,间接地"惩罚"。如果孩子的过错不大,家长可以对孩子已经发生的错误不过分追究,而是通过给孩子使个眼色、对他的行动加以限制、扣留他喜欢的东西、限制他娱乐的时间等间接惩罚的手段与方式,让孩子记住这次教训。同时,还要对孩子以后的行为提出明确的要求,孩子应该怎么做、达到什么要求或标准,表明对孩子下次行为的期望。

第三,让孩子体验错误行为的自然后果。像前述案例中里根的父亲那样,当孩子在行为上发生过失或者犯了错误时,家长不给孩子过多的批评,而是让孩子自己承受行为过失或者错误直接造成的后果,使孩子在承受后果的同时感受到不愉快甚至是痛苦的心理惩罚,从而引起孩子的自我悔恨,自觉弥补过失,纠正错误。

　　第四,告诉孩子怎样弥补自己的失误。由于孩子小、经验少,当孩子做错事情时,家长要告诉孩子修正错误的具体方法,给孩子指明"出路",让孩子改错有明确的目标,效果才更明显。孩子经过对自己不当行为的反思之后,通过改错重新恢复原来的自信,当孩子以后再犯错误时,他就会想办法把过失弥补回来,而不会一味地谴责自己"我真没用"。在修正错误方面,家长千万不能含糊其辞,甚至让孩子"自己去想"。

　　为了孩子的身心健康,请家长们嘴下留情,手下留情,多引导少惩罚,让孩子在健康和愉快的气氛中茁壮成长。

2. 让认知引导激励孩子的行为

　　积极心理学研究发现,当人的行为受到来自内在动机的驱使时,就会产生"沉浸体验"。儿童更是如此,只有当他们从事自己感兴趣的活动,而不仅仅是出自外在压力(父母的催促或指令)时,他们才能体会到克服困难、迎接挑战以及获得成功的喜悦。内在动机由认知影响,认知改变决定行为态度,积极、正向的认知会给儿童提供强大的动力,负面、消极的认知则会带来儿童行为上的退缩、害怕。因此,家长要充分利用积极心理学——正向教育的方法,依据儿童各自认知风格来因势利导。比如,儿童认知方式有"依存性"和"独立性"之分,家长(教师)应考虑到儿童在认知方式上的差异。如果采取的教育策略、指导方法与儿童的认知方式相适应,就会促进儿童的发展;反之,则可能会阻碍儿童的发展。环境作为儿童的潜在影响因素,对儿童的行为有引导作用。从物质环境的创设来看,活动室活动区域的设置应该丰富些,以满足不同认知方式的儿童对活动的需求。

提供与儿童认知方式相适应的活动,可使儿童感到安全和舒适。依存性强的儿童由于容易受外界刺激的干扰,注意力容易分散,因此安静的活动区与喧闹的活动区要分开,以减少无关刺激对儿童的影响。对独立性儿童而言,活动室里应提供适当的私密空间,以满足其独自活动的需要。另外,室内环境的布置、摆设应简单、和谐,重点突出。因为儿童的整体视觉分化能力较低,简洁明了的布置更有利于儿童的感知。

儿童的学习动机大致可分为两类:

一类是认知需求。儿童很早就开始探索他们周围的世界了。他们被新奇的景象和声音所吸引,不断地摆弄和探究他们的玩具或别的小东西。他们对环境中的新奇事物特别敏感,总是不停地问是什么和为什么。在这种认知需求的驱使下,儿童会产生强烈的好奇心。这是儿童学习的内在动机。

另一类是期望需求。儿童为了满足这种需求,会有意识地使自己的行为符合教师的期望。儿童由此产生的学习动机是一种外在动机。

这两类学习动机在每个儿童身上都有所体现,但它们在依存性儿童与独立性儿童身上所占的比重是不同的。依存性儿童受周围环境影响较大,对大人更为顺从。他们常常具有高度的附属感,渴望得到大人的认可,在感情上对大人的依附性更强。他们学习的动机往往更多的是为了博得家长的赞赏。独立性儿童对周围环境中的人不太敏感,自主性较强,更关注自然知识,对探究事物之间的关系更感兴趣。因此,他们的认知需求更强。

对独立性儿童,家长只要为他们提供与他们的认知发展水平相适应的充足的学习材料,就可激发其学习兴趣。但要注意观察独立性儿童的学习发展水平和发展状况,在他们产生厌倦之前,及时补充新材料。由于独立性儿童更多地关注活动本身,在学习和探索的过程中他们已经得到了内在需要的满足,因此对他们真正感兴趣的活动,家长不要过多给予奖励,以免降低他们的内在动机,使他们把学习当成赢得表扬的一种手段。

对依存性儿童,家长可用表扬激励他们学习。表扬方式可以多种多样,除了口头表扬以外,还可以用非言语行为表达对儿童的关注、支持。比如,一个微笑,一个赞许的目光,一个亲昵的动作,依存性儿童都会敏感地察觉到。但由于内在学习动机比外在学习动机更能持久,因此家长应该注重把依存性儿童的兴趣引向学习本身,帮助他们树立自信。表扬要针对儿童的具体活动,而不是空泛地针对儿童本身。比如,儿童画了一幅画,家长要表扬他何处画得好,而不应只是笼统地夸他画得好。

1968年,儿童教育学家弗莱姆(Flam)曾做过一个实验:给儿童呈现一组图,让儿童看过之后回忆。如果给儿童呈现的是一组经过组织的材料(例如,水果放一类,玩具放另一类),则依存性儿童和独立性儿童回忆的效果没什么差别;如果给儿童呈现的是一组没有经过组织的杂乱无章的材料(例如,水果和玩具混合放在一起),则依存性儿童和独立性儿童回忆的效果明显不同,依存性儿童回忆的效果较差。由此可见,依存性儿童面对经过组织的材料时,学习的效果更好。因此,家长(教师)应为依存性儿童提供经过组织的学习材料。尤其是在学习之初,这样做可减少儿童的挫折感和失败感。

根据儿童认知风格,进行科学、有针对性的早期教育,可以获得"事半功倍"的效果。每一个父母都有两次机会塑造自己孩子的生命。遗传基因是一次,它决定的是一个人身体各方面的上限,而后天的家庭教育,则决定了一个人是否能够利用自己的条件走得很远。

3. 用热炉法则规范孩子的行为

热炉法则源自于西方管理学家提出的惩罚原则,说的是规章制度面前人人平等,如果有人在工作中违反了工作制度,就像碰触到了烧红的火炉,一定会受到惩罚。这个比喻生动而又有趣,而且把惩罚的法则表示得十分明白。

这种惩罚的特点在于:
- 即刻性:当人一碰到火炉时,立即就会被烫
- 预先示警性:火炉是烧红摆在那里的,每个人都知道如

果碰触,就会被烫

- 适用于任何人:火炉对人,不分贵贱亲疏,一律平等
- 彻底贯彻性:火炉对人绝对"说到做到",不是吓唬人的

俗话说:"国有国法,家有家规","没有规矩,不成方圆"。家庭生活中应有大家必须共同遵守的家庭规则。如按时起床、就寝,不随便翻动父母或别人的东西,人际交流中的礼貌准则,公共场所应遵守的社会公德等。

良好的家庭规则有助于解决子女教育中出现的困惑和矛盾,促使孩子身心的健康发展。在家庭规则执行中,父母是实行家庭规则的表率,而孩子则是考证家庭规则的结果。

父母教育孩子,适当使用热炉法则是十分有效的。在家庭教育中,惩罚具有不可替代的作用。在目前的家庭教育中,有时对孩子"赏识"有点过头,以至于许多孩子听不得一点点批评,甚至出现一批评就自杀的极端悲剧。然而,事实上,没有惩罚的教育是不完整的教育,没有惩罚的教育是一种虚弱的、脆弱的、不负责任的教育。

因为,对于一些任性的孩子,光靠说服教育是很难奏效的,而如果对他们的错误行为不闻不问,听之任之,无疑是对他们的放纵和怂恿,其结果是使其越来越任性而难以管束。所以,为了孩子的将来,在教育中,当孩子犯错误时,运用一定的手段加以惩罚是完全必要的。

惩罚作为一种教育手段,好处在于:有利于培养孩子从小树立对自己的行为负责的观念。生活在社会中的每个正常人,都必须对自己的行为负责,孩子也不例外。如果你做错了

事或说错了话,就必须承担由于自己的错误所带来的各种后果。有些父母盲目迷信"好孩子都是夸出来的"这种观点,对孩子的事情大包大揽,替孩子承担了太多本来应由孩子承担的责任。这是一种错误的教育方法。

儿童早期教育专家玛莉琳·古特曼(Marilyn Gutman)通过研究发现,那些小时候经常受到父母表扬而很少得到过惩罚的孩子,在他们步入社会后很可能会感到更多的失望。随着年龄的增长,孩子不再会很容易地接受父母那种表面上的夸奖。因此,父母应该根据孩子不同的性格特点,抓住适当的教育时机,实施不同的教育方法,使孩子形成完整、健康的人格。孩子犯了错误,在不伤害其自尊的前提下可以实施必要的"惩罚"。

孩子出生后,并不知道什么该做什么不该做。要让孩子养成良好的行为习惯,就需要为他制定适当的规则,让孩子明白什么是该做的,什么是不该做的,让孩子从小在心中树立这些原则和标准,决不能随意突破。

一方面,规则看上去是在限制人,实际上规则也在保护人。任何一个人,如果到了一个完全没有限制的环境里面,一定会不知所措。孩子的成长需要成人的提示,也需要成人的限制和成人设定的界限。这是孩子建立安全感的需要。

另一方面,按规则办事是人与人之间能和谐共处的基本准则。如果每个人只从自身利益出发,不遵守规则,不考虑他人的意愿,这世界必定永无宁日,也必定危及每个人的利益。对于孩子来说,养成自觉遵守规则的习惯,对于未来的社会化生存是必要的。

在给孩子制定家庭规则时,以下几点是需要提醒父母们注意的:

第一,制定规则要信号明确。给孩子制定规则,一定要简单易懂,让孩子容易遵守。例如,对孩子进行遵守交通规则和保护环境的教育,应具体教他怎么过马路,遇到紧急情况怎么处理,如何帮助父母进行垃圾分类,在公共场所如何保持文明举止等。孩子容易学,也容易模仿。此外,在制定规则的时候要把孩子不遵守规则的后果明确告诉他。

第二,把制定规则的道理给孩子讲清楚。制定规则,要把道理讲清楚,而不是简单粗暴地命令孩子,更不要摆出强权嘴脸。虽然孩子年龄尚小,不一定能完全领会这些道理,但父母平和的语气和尊重他的态度,却会让他信任父母的判断并顺从父母的要求。父母也可以尝试着与孩子通过讨论、交流等对话的方式,鼓励孩子发表自己的意见,与孩子共同制定一些规则,这样可以使孩子有一种责任感、义务感,并自觉自愿地遵守。

第三,遵守规则要一以贯之。立下的规则,无论时间、地点、场合,都要遵守,比如,在家不许随地吐痰,在外边也不许。如果今天这个样子,明天那个样子,在家一套,外边一套,只会让孩子糊涂,无所适从。

第四,父母要以身作则地遵守规则。所有的规则不仅仅是立给孩子的,也是父母要严格遵守、以身作则的。例如,父母规定,吃饭时不能说话,不能躺着看书。可是父母吃饭时经常说话,也经常躺着看书。这种只要求孩子做到而父母自己却做不到的规定,很容易产生不良后果:一是父母说了却没有做到,实际上是公然的"说谎",孩子会在其他情况下效仿;二是使孩子产生父母不公平地对待自己的想法;三是使父母在孩子面前失去威信。

第五,制定的规则必须合理。制定规则的目的是培养孩子良好的行为习惯,而不是控制孩子。有些父母对孩子提出的要求近乎苛刻,制定的许多规则远远超出了孩子所能够接受的程度,有些规则甚至是成人都难以遵守的。这样做很容易产生不良后果:一是孩子某些合理的、正常的行为,由于父母不适当的规定而受到压制;二是由于规定近乎苛刻,孩子因无法遵守而使那些规则形同虚设,会使孩子产生"有些规则可以不遵守""父母的话可以不听"的想法。

更为可怕的是,有些父母制定了不合理的家庭规则,使孩子的正常行为因此而受到严重的束缚和压制。例如,有的父母规定孩子不能和陌生人说话,周末不能出去玩,即使学校组织春游也不能参加。另外,当孩子的行为与相应的规则不相符合或发生矛盾时,父母为了维护自己的尊严,往往不惜以牺牲孩子的合理行为为代价,甚至对孩子施以严厉的责罚。这种教育导致的直接后果是,要么使孩子成为没有了自主性、独立性的"小绵羊",要么引发孩子的激烈对抗。

第六,规则必须得到执行。著名教育家蒙台梭利曾经说过:"父母的规矩应该尽量少立,但立了,就一定要遵守。"我们要让孩子自由成长,但自由的底线是规矩,没有规矩不成方圆。父母应该让孩子从小就懂得规则就是规则,一旦出现违规的行为,就必须承受后果。

孩子往往通过父母的行为反馈来认识或矫正自己的行为。如果父母不能坚持原则,孩子也会抗拒父母权威,破坏规则。例如,一位母亲常常抱怨她3岁的儿子不好好睡觉,儿子几乎每晚半夜起来,一定要妈妈陪他玩,有时要玩一个多小时才肯再去睡。这位母亲一遍一遍地告诫儿子,该睡觉的时候要好好睡觉。可每次只要孩子醒来,她就会陪孩子玩。母亲的行为无疑在告诉孩子,你想干什么就干什么,破坏规则也不会有什么不良后果。结果可想而知,孩子依然我行我素,这位母亲则被搞得精疲力竭。

规则一旦制定,就必须执行。规则是客观的条条框框,不能随父母情绪的好与坏而变动。鉴于孩子容易忘记预先的约定,也没有成熟到能很好地控制自己的情感和欲望,父母需要不时地提醒以帮助孩子记住。

但是,提醒只是提醒,一旦孩子破坏了规则就要接受相应的惩罚。一是一,二是二,行就是行,不行就是不行。必须让孩子懂得他的一举一动能产生不同的后果,随着时间的推移,他就会知道无论什么事都不能马虎,从而形成什么事都认真的习惯,到那时就不需要父母的催促和监督了。

第七,拒绝孩子不合理的要求。常有这样的场面发生:人来人往的大商场里,有小孩子赖在玩具柜台前哭闹,一旁的父母在面子大失之下,不免心烦意乱地"赏"孩子一记巴掌;宾客满堂的时候,孩子却倒地撒泼,一屋子人尴尬之余,父母把孩子拖进了小房间,关起了"禁闭"……

其实,孩子的这些"叛逆"举动往往是在周围环境影响下形成的:一方面,现代物质供应大大丰富,不仅孩子,连大人都难以抑制被刺激起来的购物欲;另一方面,父母的溺爱也助长了孩子"要风得风,要雨得雨"的气势,最后,只能变得一发而不可收。

看来,为了让孩子建立正确的价值观,帮助孩子学会控制自己的欲望,形成自己选择的观点和习惯,父母已到了收拾起威信,"狠心"拒绝孩子的不合理要求的时候了。

面对不同年龄的孩子,有不同的教育方法,当然也有不同的拒绝招式。

0—2岁,直截了当。这个年龄段的孩子语言功能还不完善,如果父母对他讲比较复杂的道理的话,孩子可能会听不明白。所以,对这个年龄段的孩子应采取的拒绝方式是直截了当的体验式。例如,直接对孩子说"不可以"或是对他摇头。当孩子有危险举动,如去拿打火机玩的时候,父母就要马上制止,甚至可以给孩子一点小苦头吃,如取消孩子下午的甜点等。

2—4岁,冷处理。2—4岁的孩子正处于人生第一个"反抗期"。在这个时期,孩子不再像以前那样听话,经常和大人"闹独立",叛逆性十足。对这个时期孩子的不合理要求,父母要采用适当方式加以引导,尽量避免采用强硬的处理手段。冷处理是对付这一阶段孩子不错的办法。当孩子大吵大闹的时候,你可以不去理睬他,等事后双方都冷静下来了,再同他讲道理。如果孩子是在公共场合撒泼的话,父母可以先把孩子拖回去,再进行冷处理。这样做对孩子的自尊心起到了保护作用。

4—6 岁,讲道理。这个时期的孩子在心理特征上处于一个过渡期,正从"自我中心"发展到认识周围的环境。同时,孩子在语言上的智能也有了相当的提高。父母这时就可以采取讲道理的方式来同孩子沟通了。坦白而简单地向孩子说明为什么不能这么做,这么做会有什么不良后果,来帮助他提高分辨是非的能力。但需注意的是,别对孩子说谎或说模棱两可的话。冷处理的方式也同样适用于这个年龄段的孩子,在冷处理之后再晓之以理,最后别忘了给孩子一个爱的表达来抚慰他。

4. 好习惯需要不断强化

强化原则是指,好习惯需要不断强化。培根说过:习惯真是一种顽强而巨大的力量,它可以主宰人的一生,因此,人从幼年起就应该通过教育培养一种良好的习惯。

对于成长期的孩子来说,日常生活中的好习惯和坏习惯同时存在。如何鼓励孩子保持好习惯,矫正坏习惯,一直是困扰父母的难题。如果适当运用强化原则来做这项工作,事情就会变得容易很多。例如,父母如果在处理孩子的事情上奖惩分明,关注孩子正确的行为,使之强化;批评孩子错误的行为,使之消失,孩子好习惯的培养一定会变得更为容易。

著名生理学家巴甫洛夫(Ivan Pavlov)曾用狗做实验,当狗吃食物时会引起唾液分泌,这是条件反射。如果在给狗食物前响起铃声,则不会引起唾液分泌,因为铃声本来与唾液分泌无关,是无关刺激,但如果每次给狗吃食物以前就出现铃声,铃声就成为进食的信号了。所以,铃声一响,狗就会出现唾液分泌。这种反射就是典型的条件反射。而形成条件反射的基本条件就是天天刺激与非条件刺激在时间上的结合,这个过程就是强化。

强化在反射形成和消退过程中有着重要作用,它证明了人或动物的本能,如果没有得到强化,最后也会消失。强化原则不仅是动物学习新行为的一种心理机制,也是孩子和成人通过肯定或否定的反馈信息来修正自己行为的手段。美国心理学家斯金纳(Burrhus Frederic Skinner)认为,如果人们在无意中做出某种行为之后得到了赞扬,以后就会多做出这种行为;如果无意中做出的某种行为导致了惩罚,则以后会回避这种行为,会尽可能少做出这种行为。

在教育孩子时利用强化原则的关键是奖惩分明。如果孩子做错了事情,父母绝对不可以姑息迁就,否则,言行不一致的父母无法在孩子面前建立威信,孩子也无法养成好的习惯。同时,如果孩子的行为值得表扬,父母也要及时给予肯定,尽管有时只是说一句鼓励的话,但对孩子来说,那将是他们继续前进的动力。

父母必须对事物的好坏有一个始终如一的意见。父母自己缺乏主见是教育孩子的一大禁忌。最简单的做法是：你要经常解释你的行为，你为什么要责骂他，或者你为什么要表扬他，把你的是非观传递给孩子，并且确保你的行为符合你的是非观。经过一段时间的训练，你的孩子也会以你的是非观去约束自己的行为。正确的行为得以保持，不正确的行为得以矫正。

孩子有时也会本能地使用强化原则。有时候，孩子会本能地通过强化某些行为或是消除另外一些行为来训练父母，而不是父母训练孩子。

例如，当父母要外出时，孩子也吵着要跟去，无论如何就是不肯跟保姆留在家里，为此，他哭哭啼啼，甚至在地上打滚，弄脏自己最喜欢的衣服。想到孩子最喜欢吃奶糖，虽然为了防止他长蛀牙，奶糖被刻意地藏了起来，但这次为了让孩子早点停止吵闹哭泣，父母给孩子找出了一包奶糖，并许诺回来的时候给他买礼物。

事实上，父母的举动无意中鼓励了孩子以哭闹的方式来达到目的，如果下一次孩子想达到什么目的的话，他首先想到的方法肯定是哭闹。从强化原则上说，父母的举动恰恰没能强化孩子的安静，却奖励了孩子的眼泪和哭闹。

正确的做法应该是：在孩子还没有开始落泪时就给孩子鼓励，鼓励孩子与父母合作，这样，作用就完全不同了。孩子会在潜意识里形成这样的概念：不哭泣，跟父母合作，就会有奖励，而不是哭泣能解决问题。

常常听到家长这样教育孩子："别哭了，宝贝，妈妈给你买好吃的!""别乱泼水,要是你听话,我给你买巧克力。"……这也许当时很有效,孩子马上不哭不闹了。但是,事实上,这是父母在用"奖励"的方式来换取孩子停止不良的行为。短暂的安宁之后,孩子可能会形成不良行为可以换来"奖励"的观点,到那时就为时已晚了。

奖励和惩罚是对孩子行为的外部强化或弱化的手段,它们通过影响孩子的自身评价,对孩子的心理产生重大影响。父母在教育子女时,最重要的是赏罚分明,奖励时要抓住时机,掌握分寸,不断开导;惩罚时用语要得体、适度,就事论事,使孩子明白为什么受罚和怎样改过。

举一个例子来说明:有一类梭子鱼特别爱吃鲤科小鱼。如果把这些梭子鱼和它的小猎物们一起放到水槽里,水槽里很快就只剩下梭子鱼了。然而,当我们在水槽里放进一块玻璃板,把梭子鱼和鲤科小鱼隔开,有趣的事情发生了,梭子鱼看不见玻璃,每次当它追逐自己美餐的时候,都会结结实实地撞到玻璃板上。开始时,梭子鱼会一次又一次游向玻璃,被撞得晕天昏地。显然,梭子鱼的猎食行为没有得到强化。最后,梭子鱼终于懂得了这些小鱼是可望而不可即的,于是,它们改变了自己的行为。这时,再把玻璃板从水槽里拿走,结果却变成:这些鲤科小鱼居然可以十分安全地绕着它们的天敌游来游去。梭子鱼再也不想去吃掉鲤科小鱼,因为它们懂得这样一个道理:这些小鱼是吃不到的。令人吃惊的是,最后,这些梭子鱼竟然饿死了,而它们所喜爱的食物还时不时地游过它们的嘴边。

孩子的每一个进步都应该得到父母的赞扬,这是对孩子的积极行为进行强化的最好方式。父母如果能够做到这一点,孩子就会加倍努力,取得的进步一定会积少成多,实现从量的变化到质的飞跃。

在与孩子相处时,父母应该懂得去发现孩子的正确行为,而且立即予以重视和嘉奖,不要在孩子表现良好时漠然视之。表扬孩子的正性行为比责备他们的负性行为更有效。父母需要知道,孩子每一个好的行动都应受到鼓励,哪怕他做得不到位。这种经常的鼓励会增加孩子的正性行为,减少负性行为。这比只关注孩子的错误行为要好得多,并会增加孩子的竞争意识、自信和自尊,激发孩子积极向上的愿望。一段时间后,你会发现,孩子正在朝着你希望的方向发展。

当孩子意识到自己存在的问题,下决心改正时,父母一定要表示赞赏,给予鼓励,进行强化。不要用怀疑的态度来对待孩子的承诺,更不要讽刺挖苦;对孩子改正错误也绝不要失去信心。当孩子有了改正错误的意愿时,家长除了赞赏和鼓励外,还需要多一分耐心和宽容。如果得不到家长的赞赏和支持,孩子会感到十分失望,很可能会放弃改正错误的行动,导致积极行为的消失。

举个例子来说明:妈妈最近因为小伟的坏毛病头疼得厉害。不知道从什么时候开始,小伟经常忘记把牙刷放到漱口杯里,每次刷完牙,他总是顺手就丢在洗漱池边,既不卫生也不整齐。而最令妈妈气愤的是,每次当她指出小伟的错误时,小伟总是一副满不在乎的表情,一边继续想自己的问题,一边心不在焉地回答:"知道了。"

有一天,小伟刷完牙后,照例正要顺手把牙刷往旁边搁时突然想起妈妈说的话,于是他认真地把牙刷放到杯子里去,并且还特意摆了摆位置。不巧的是,妈妈根本没注意到这个小小的细节,她把儿子的行为看作一件很正常的事情。妈妈的表现令小伟很没有成就感。第二天,牙刷又被扔到杯子外面。"小伟,你的坏习惯怎么老是改不了?看,又把牙刷放在外面了。我不是对你说过牙刷用后要放到杯子里吗?"妈妈生气地说道。"我以为你忘记了。"小伟说道。"怎么这么说呢?"妈妈疑惑地望着小伟。"因为昨天我把牙刷放在杯子里了,而你却什么也没有说!"

事实上,很多家长都存在与小伟妈妈同样的问题,他们对孩子的期望比较高,总希望孩子能有"突变",产生"飞跃",因而对孩子一些细小的进步不是很注意,反应比较冷淡。但是,质变是由量变引起的,平时大量的细微进步,积累起来才可能有大的变化。因此,对于父母来说,要想让自己的孩子获得"飞跃",就应该对孩子的点滴进步进行强化。

不过,在某些时候,父母应忽视孩子的负性行为。也就是说,如果一个孩子有不良的生活习惯或行为,父母不应该对此抓住不放,而应该找到孩子偶尔没有此不良行为的时候对孩子予以表扬。

5. 家长要学会正确地爱孩子

美国有心理学家曾对 40 位中美儿童进行"笑容记录",发现:3 岁美国孩子的微笑,比同龄的中国孩子多 55.6%。研究分析:中国父母易发怒,比美国父母高 26.0%,严厉程度则高 52.2%。孙云晓教授在其《教育就是以爱育爱》这本书中,提出了爱的教育的两个层次,我觉得讲得非常好:一是给孩子真正的爱;二是教给孩子怎样去爱。比如,好的东西要分享,而不可让孩子独享,首先要想到老人,在与同伴发生矛盾的时候要公平、公正,敢于担当责任,这些都是教给孩子如何去爱,这样的爱才会有利于孩子健康人格的形成。孙教授还有一个家庭教育观点我也是赞成的,叫作"关系好坏决定教育成败",对孩子要以表扬为主,要理解和尊重孩子,如果对孩子总是有过高、过急的要求,就不可能有好的亲子关系。

新时期家庭教育最重要的环节是什么?这当然是个见仁见智的事情,而且可能重要的环节不止一个。针对现实情况,我认为有两点值得重视:

一是爱,对孩子准确的爱。这是孩子身心健康成长最重要的一点,从小就要让他得到真正的爱。当然,这个爱应该是有品位的、有格调的、有质量的,不是那种溺爱,不是仅仅在物质上满足他,而是真正给他创造一个良好的精神环境,要舍得花精力在孩子身上。现在很多父母对孩子确实是很爱的,很

八、有机教育的七大法则与策略

小的时候就为他们准备将来的物质基础,我觉得光有这一点是不够的,有时候甚至没有这一点也没关系,这不是最重要的东西。最重要的东西是让他们从小得到你的关爱,你花时间去陪他们,关注他们的智力、情感的发展,与其花很多时间为他们赚钱,不如把那个时间拨一部分出来,陪着孩子。现在很多家长是不陪孩子的,家庭条件好一点的就把孩子交给保姆了,我觉得这样的孩子其实是很可怜的。

二是自由,给孩子一个比较自由的环境。为什么中国孩子不愿意上幼儿园?一上幼儿园就哭、畏惧幼儿园的孩子很多,一个重要原因是他们觉得在幼儿园里不自由。在西方的一些幼儿园,老师会给孩子一个范围,孩子爱玩什么就玩什么,但是中国的幼儿园,基本上都是集体活动,一起玩同样的游戏,一起吃饭,一起睡午觉。孩子是最难以忍受没有个人自由的生活的,他是好动的,而且会不断地有新的念头,但是这些东西在中国的幼儿园是不被允许的,他怎么会喜欢幼儿园呢?所以,在中国,特别重要的是给孩子一个自由的环境。

我觉得,中国幼儿教育的最大失误,就是没有把孩子当作孩子。法国哲学家卢梭曾说过,教育孩子最重要的一点是把孩子当孩子。其实这个观点是很多大教育家的共同观点,就是人生的各个时期,都是有价值的,尤其是幼儿时期,不能把幼儿时期仅仅看作是为孩子长大成人做准备,这是最错误的。

现在我们中国的幼儿教育是完全把幼儿时期看作是为孩子将来做准备,而且按照这个目标去规划孩子在幼儿时期的教育,让他们学很多东西。所谓的"不能让孩子输在起跑线上",就是要找好的幼儿园、好的小学。所谓好的小学就是最后能够进入重点中学的小学,完全是为了将来能考上大学,从幼儿时期就做准备了,而考上大学又是为了就业。就是为了将来的完全没有把握的一种前途,把孩子现在的全部时间都用上。

要改变这种状况的话,一是要改变现在的教育制度,尤其是单一的高考决定终身这样的制度;二是家长自己要清醒,最大任务是保护孩子的童年,让他有一个快乐的童年。一个懂得给孩子爱和自由的家长才是智慧的家长。

那么,如何实施爱的教育?我认为,在婴儿期,对刚出生的小宝宝,最好的爱的教育就是父母的陪伴、无微不至的关怀,如果能够在6岁之前与孩子建立起亲密的关系,就是孩子一生幸福的保障。而对10岁以后的孩子,最重要的爱的教育就是"平等"与"尊重"。没有理解和尊重的爱,是可怕的。如果尊重孩子就会找出许多适当的方法。比如,一切跟孩子有关的事情,孩子都有权发表意见,参与决定。

怎样的家庭、学校、社会教育会让孩子产生幸福感?我同意教育学家朱永新的看法:把童年和童心还给孩子。这是教育的基本要求。因为教育不仅是为未来的幸福做准备,教育生活本身就应该是幸福的。现在的孩子比祖辈得到的疼爱更多,比父辈拥有的玩具更多,他们是不是比祖辈、父辈更幸福?仅仅让孩子接受爱,未必有幸福感,他们甚至不一定懂得爱,幸福来自对生活的体验,特别是需要成功的体验。因为人只有感受到生活的真谛,实现自己的梦想,才能获得真正的幸福。所以,今天的父母,要警惕不要把给孩子的爱变成"填鸭式的爱"。

另外,在家庭中不能对孩子过分溺爱。现在中国家庭大多只有一个孩子,我们做家长的,常常是"含在嘴里怕化了,捧在手里怕碎了",一家几代人围着一个孩子打转,严重干扰了孩子成长的内在秩序,不断地用家长所谓的"爱"的方式,让孩子变得不能忍受,变得极不耐烦,变得烦躁不安。"溺爱"中其实最要命的不是爱,而是"溺","溺"就是过多、过度、不节制,就是剥夺了一个生命自然的感受力、自然的成长方式。这也不是尊重,这样做的严重后果就在于,一个孩子很可能一直"长不大",一直无法社会化。

因此,家长在实施爱的教育过程中,要处理好某种平衡。即过分权威而缺乏爱的教养,会使孩子内心充满惊惧,因而失去养成自主自尊个性的机会;如果得到的"爱"很丰富,却没有适当的"管束",孩子则会缺乏应有的行为规范,自制力低下。在"爱"与"管束"这两种滋养孩子人格成长的要素中,当然爱是更重要且多多益善的。接纳、赞许、赠予、注视、倾听、解释、了解、陪伴等,都是爱的具体表达方式。孩子生活在洋溢着爱的环境中,更能感受到自己存在的价值。但是,"爱"还须以"管束"来平衡。

在家庭教育中,困扰家长的问题之一就是,不知道怎样对孩子说"不"。让孩子为所欲为,没有管束,"爱"事实上演绎成了"害"。对于孩子而言,能够在成长的环境中得到正确的爱、恰当的爱,也就意味着得到了爱的精髓。按照这样的标准,在一个家庭中,爱的正确表现形式应当是在提供良好的家庭环境的同时,教会孩子以正确的方式对待自己,对待他人,由此催生出一个具有适应社会能力的孩子。

日常生活中父母与孩子相处的技巧

(1) 将家庭中的快乐与孩子一起分享!对孩子经常开心地笑,并希望他也常笑!

(2) 父母之间要相互谦让,相互谅解。夫妻实在要吵架,请一定要记住:避开孩子。

(3) 经常和孩子一起走出户外,亲近自然。如果有条件,每天晚饭过后和孩子到户外散散步。

(4) 不要"太关心"孩子。让他们明白"自己的事情自己做",以免孩子养成以自我为中心的坏习惯。

(5) 给孩子留出真正的"玩"的时间和空间。没有得到孩子的许可,不要看孩子的日记与信件。

(6) 只要与激发孩子的创意思维有关,就不要责备孩子的房间或桌面太乱。

(7) 适当地给孩子一些钱,让他们逐渐学会理财。

(8) 每晚睡前给孩子讲故事,让孩子微笑着入睡!

(9) 鼓励孩子与各种年龄的人自由交往,帮助孩子与来自不同社会文化阶层的孩子正常交往。

(10) 生活中的困难以及一些家庭大事有时可以和孩子商量商量,并伺机对孩子进行生活能力和行为习惯的培养。

(11) 不要孩子要啥买啥。让他知道劳动与所得、权利与义务的关系,以免孩子养成好逸恶劳的习惯。

(12) 教会孩子骑自行车、游泳等,这些都是进入社会的一种基本技能。

(13) 每天早上与孩子相互问候,让他感受到美好的一天的到来。每天下班回家看到孩子,首先微笑着问他一遍:孩子,你今天快乐吗?

(14) 不要想着是为了给他提供更加优越的生活条件,就不顾自己的身体去拼命赚钱,而应该多抽些时间陪着他一起长大,健康的身体、愉悦的心情比大笔的物质财产,更能造就幸福、快乐的人生。

(15) 不要太"亲近"孩子,整天把他们设限于自己的视力所及之处,而应该让他们与年龄相仿的孩子多交往,以免孩子形成孤僻的性格。

(16) 对孩子的爱要稳定,不要一会儿"晴",一会儿"阴"。父母对自己的双亲要孝敬有加,让孩子觉得家中充满了爱,父母是值得学习的榜样。

6. 递进激励孩子

美国有一位著名的物理学家,上初中刚开始学物理的时候,他的物理成绩很差,只考了 8 分。物理老师找他谈话,让他好好学物理。学生说自己不喜欢,就是学不好,老师特别聪明,告诉他,"别的同学都是 60 分及格,你下次只要考到 9 分就算及格"。学生一想,随便写写就能及格,很容易,于是就答应了,结果这次考试考了28分。虽然是28分,老师还是没有理由在全班面前表扬他,因为还是不及格的分数。

这个老师很聪明,她让全班同学把上次的考试成绩和这次的成绩做一个减法,上次考了90,这次还是90,一减就是0,上次95,这次93,一减就是-2,这样减到最后,只有一个人是20分,就是这个同学。老师把所有同学两次考试的分数差写在黑板上,问了个问题:"哪个同学进步最大?"全班同学异口同声说某某,这是一个铁的事实,因为只有他一个人进步了20分。

这种鼓励方式不但没有侮辱色彩,而且有很大的激励成分。这个学生一下就兴奋起来,他想无论自己考到48、68、88都是全班进步最大的,有很大的进步空间。老师做了件聪明的事情,孩子就觉得有广阔进步的空间,从此这个孩子就喜欢上了物理,并最终成为全世界最伟大的物理学家之一。

我曾对于海豚训练员为什么能使海豚从水中跃出并从那么高的圈钻过去感到好奇。其实,海豚起初是不会做的,训练员先把这个圈放在水里面,被训的海豚钻过去就给它一条鱼吃,没钻过去的就不给吃。海豚也不笨,很快明白了吃鱼的方法,后来海豚就形成了一种条件反射。

海豚不会知道利益的关系,但是海豚明白一个道理,只要它钻过这个圈就有鱼吃,没钻过去就会挨饿。紧接着训练员就把这个圈提出水面一半,让海豚继续钻。海豚发现圈不在水中了,只能跳过去。逐渐地,圈被不断提高,大概要提10—20次,需要一年左右的时间,海豚跳圈的训练就完成了。大家有没有注意到,在看海豚表演的时候,凡是从那个圈跳过去的海豚一定会游到训练员的身边去要鱼吃,因为它知道每次跳过去都能吃到东西。

从上面海豚的例子中家长应该明白一个道理,鼓励和限定在教育孩子的过程中十分重要。

7. "权威—朋友"策略

2010年颁布的《全国家庭教育指导大纲》提出家庭教育要区分年龄进行。一个3岁孩子和15岁孩子的教育方式显然是不同的。另外,对父母权威本身也要进行区分。权威分为"知识权威"和"道德权威"。知识权威建立在知识基础上,比如一个主任医师对一般人而言就是在医学知识上的权威。道德权威是基于是非判断标准,比如当幼儿园老师告诉孩子不要随地吐痰时,她就在承担道德权威的角色。在家庭中,存在着一个父母道德权威和知识权威随着孩子年龄的增长而不断下降的现象。其中,知识权威比道德权威下降得更快,而朋友关系则不断上升。

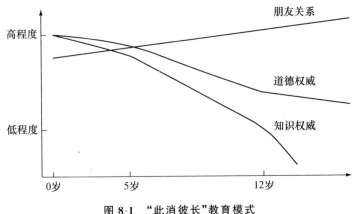

图 8-1 "此消彼长"教育模式

为此,香港大学儿童心理与教育领域哲学博士池瑾提出,应根据孩子的不同年龄进行家庭教育的"此消彼长"教育模式:

第一,孩子在 5 岁以前的父母教育策略。在孩子 5 岁之前,由于孩子的知识非常有限,是非判断标准也正在形成过程中,在这样一个尚不具备分辨能力的阶段,孩子的想法、意见会深受周围的人和事物的影响,最主要的是来自父母。因此,在这一阶段,父母应该履行高度的道德权威,对孩子进行正确、积极的引导,不断地强化他的是非观念。一个孩子在 5 岁之前就能够建立起诚实、友爱、慷慨等好品格。

同时,父母在这一阶段也应履行较高的知识权威的角色。此时父母显然在任何一方面都比孩子懂得多,而这时也正是孩子探索世界精力最为旺盛的时候。所以,当孩子问问题时,父母应当耐心、准确地回答,不要嫌麻烦而敷衍了事,要抓住机会向孩子传授知识。

第二,孩子在 5—12 岁时的父母教育策略。5 岁之后,随着孩子学习能力的加强,父母知识权威的下降速度显著加快,此时父母应从单纯知识传授的角色过渡到与孩子一起探索知识的同伴角色,逐渐淡化知识权威的地位,由此换来的可能是孩子独立的探索精神。

而父母的道德权威一般比知识权威稍慢下降。5 岁以后,孩子已具备一定的判断能力,父母应有意识地培养孩子独立判断对错的能力。但在关键时刻,孩子还可能分不清对错或者故意犯错,这时父母仍应毫不犹豫地履行道德权威的责任,纠正孩子错误的行为。

第三,孩子 12 岁进入青春期后的父母教育策略。12 岁是一个拐点。此时孩子已具备独立学习的能力,父母基本上应放弃知识权威的角色,而彻底成为与孩子一起学习的同伴。但是,道德权威的职责父母仍应持守,虽然总体上仍在下降,但是下降幅度较为平缓。因为此时,孩子正进入青春期,会出现一系列我们意想不到的想法、行为。父母应为孩子设立恰当的界限。事实上,聪明的父母应当一辈子都在孩子面前保持道德榜样。也许有朝一日孩子在知识上已经远超父母,但孩子会永远尊重父母的品格。

在权威不断下降的过程中,父母与孩子的朋友关系却始终在不断增长。大凡教育孩子比较成功的父母都有一个共同的特征,就是注重和孩子的沟通。而最好的沟通一定建立在朋友关系上而不是权威关系上。朋友关系使得孩子与父母的心更近,孩子也愿意把心中的事和父母诉说。与此同时,父母不但有机会了解孩子的内心世界,还可以更有效地教导孩子,因为孩子更愿意听。

许多父母不是不会教导,教导的内容也正确,但总是毫无效果,原因就在于孩子根本就不听。因此,在孩子很小的时候,父母就应努力和孩子建立起朋友的关系,随着孩子年龄的增长,朋友关系应该不断加强。

通常孩子在进入青春期后,会和父母有一个迅速的疏远过程,孩子和父母的沟通会变得非常困难。而如果一直以来,父母与孩子的朋友关系是非常稳固的,那么青春期的孩子是不会和父母疏远的。简单来说,朋友关系可以保证父母与孩子在融洽、自然的气氛中有顺畅的沟通,有和谐的关系。

当然,每个孩子都是独一无二的,因此世界上没有一种教育模式可以精确地适合所有的孩子,所以,"此消彼长"教育模式也只是一个大概的原则,在具体的实施过程中,父母需要根据自己孩子的特点不断地微调,以便对孩子有最为贴切的引导。

另外,教育必须着眼于完整的人的发展。每一个孩子都是富有创造力的健康的生命个体,他们的未来都充满着希望。教育不能仅仅局限于孩子目前的发展,还要着重于孩子未来的发展。要让孩子精神饱满、身体健康、热爱生活、学会负责、有胆有识、富有创新的意识和能力,精神上和物质上都富有,享受幸福的人生。

后　记

　　本书的构思最初源自我于 2009 年承担的全国妇联重大课题、中国家庭教育学会"十一五"重点课题——《全国家庭教育指导大纲》编制研究。为了切实提高全国家庭教育水平，促进儿童全面健康发展，受全国妇联委托，我担任负责人之课题组会同各级相关部门、北上广等知名家庭教育专家和专职家庭教育工作者，完成了《全国家庭教育指导大纲》的编制工作，并由全国妇联、教育部、中央文明办、民政部、卫生部、国家人口计生委、中国关工委于 2010 年 2 月联合颁布。这是中华人民共和国成立以来首份系统、全面诠释中国家庭教育指导的统领性文件。这项研究获得全国家庭教育"十一五"规划课题一等奖、第八届上海市决策咨询研究成果奖二等奖。之后，我开始深入观察、思考当代中国家庭教育问题。针对时下"不输在起跑线上""直升机父母"现象等家庭教育弊端，我自 2014 年起陆续在《解放日报》《光明日报》《中国教育报》提出了"有机教育"理念。

　　作为一种家庭教育新理念，我所倡议的"有机教育""慢养孩子"的观点，得到了教育学者、家长和老师们的极大关注。全国十多个省市曾邀请我讲解"有机教育"的理念、方法。但也有部分听众仍存疑惑：在如今"应试教育"大环境下，父母能否做到"慢养孩子"，又如何实施"有机教育"？这些问题也激发了我不断去思考、探索。

在我看来,家庭教育不似学科教育,可通过每学期学校组织统一考试来检验教学成果。家庭教育的特殊性在于:它是"非刚需""非标准"的,每个家庭都有自己养育孩子的实践方式,往往A家庭培养孩子成功之经验,"移植"到B家庭,却不一定适合。家庭教育不能简单模仿。唯有契合你孩子的兴趣、个性与特点的教育,才是最适合的家庭教育。

说到底,孩子成长是一个缓慢的过程。教育是农业不是工业,宛如种庄稼,需深耕细作。完成了育苗、翻土、播种、施肥、浇水,还需要耐心等待。因此,"有机教育"强调要守天时、顺童心、合人意,其本质是"守望"与"发现"的过程;"有机教育"与"工匠精神"有异曲同工之妙,即强调"慢工出细活",不能急功近利;"有机教育"提倡维持社会共生,保护儿童多样性,反对千篇一律、整齐划一;"有机教育"提倡松紧有度,把握好育人"节奏",让孩子成长为心智成熟、人格完整的现代人。本书仅是我对上述主题的若干思考与研究心得。期待教育学者、家长与老师的批评斧正。

杨　雄

谨记于上海社会科学院青少年研究所

2019年6月1日